JN410836

인생의 숲을 통해서

_희로애락

인생의 숲을 통해서

초판 1쇄 인쇄 | 2021년 09월 23일
지은이 | 김석심
펴낸이 | 이재욱(필명:이승훈)
펴낸곳 | 해드림출판사
주 소 | 서울 영등포구 경인로82길 3-4(문래동1가 39)
센터플러스빌딩 1004호(우편07371)
전 화 | 02-2612-5552
팩 스 | 02-2688-5568
E-mail | jlee5059@hanmail.net

등록번호 제2013-000076
등록일자 2008년 9월 29일

ISBN 979-11-5634-473-5

김석심 시수필집

인생의 숲을 통해서

필자에게 문학은 종교와도 같은 위대한 진실이며
안식처이고 성찰입니다.
영혼이 녹슬지 않도록 옷깃의 매무새를 단정히
여미고 조심스럽게 남은 생을 허물없이
살아갈 수 있게 노력할 것입니다.

해드림출판사

시와 산문집을 엮으면서

그동안 세 번의 책을 출간하며 함께해 온 문학은 내 영혼을 일깨워주는 스승이자, 스스로 감정을 표현하는 자신만의 예술이라고 봅니다. 또한, 필자에게 문학은 종교와도 같은 위대한 진실이며, 안식처이고 성찰입니다.

좋은 글은 좋은 말과 좋은 행동까지 표출된다고 합니다. 그런 글을 위해 필자 스스로는 영혼이 녹슬지 않도록 옷깃의 매무새를 단정히 여미고 조심스럽게 남은 생을 허물없이 살아갈 수 있게 노력할 것입니다.

독자에게 감동과 여운을 남기는 싱그러운 글이 되면 더욱 감사할 뿐입니다. 여전히 부족한 것이 많은 글이라 여기지만, 책을 펴내면서 인내와 그리고 희망, 그리고 감사의 마음을 조금이나마 전달하고 싶은 마음에 다시 한 번 용기를 내어 독자에게 다가갑니다.

역경과 시련 속에서도 편견을 버리고 따뜻한 삶 속으로 스며들어 가게끔 도와주신 사랑하는 모든 분과 나누고 싶습니다. 저의 모든 것을 고백하며 서술한 수필은 살아온 날들을 있는 그대로 자유롭게 표현했습니다.

현대 사회에서 고갈된 정서를 조금이나마 돌아볼 수 있는 글이 되길 바라는 마음으로 가볍게 쓴 경수필이니 편안하게 읽어주시면 고맙겠습니다.

또한, 기존 출간했던 두 권의 시집 중 일부 시도 함께했으며, 문인, 지인들과 함께 여행을 다니며 보고 느꼈던 고장의 풍경에 감성을 담았습니다.

이 책이 발간되기까지 격려와 성원을 아끼지 않고 힘껏 도와주신 여러 선생님과 해설 글을 써 주신 평론가 이충재 시인님께 진심으로 감사드립니다.

자식들에게도 고마움을 전합니다.

2021년 가을 김석심

차례

1부 보리의 마음

2부 빛의 눈

3부 그리운 어머니

1부

보리의 마음

동심(童心)

햇살이 둥지를 틀고 있는
봄 하늘을 보면
옛일이 장미꽃 잎으로
피어난다

허기짐도 모른 채
다발바람 마시며
노란 웃음까지
깔깔거리고
운동장을 휘감아
뛰놀던 친구들
미금이, 학순이, 삼초
오늘따라
보고 싶은 날이다

봄이면 교실에 장미꽃
가을이면 산국
한 아름 꽂아 놓았던

추억이 있는 곳
옛 그리운 선생님들
내 동무들은 할아버지
할머니가 되어
어느 하늘 아래서 숨은
별로 빛나고 있을까

봄 하늘 손으로
문지르면 모두
되살아나올 것 같다

설날

일 년이
오늘만 같아라

구름처럼 흩어졌다
햇살처럼 만나니

반가운 마음 기쁜 정
웃음꽃이 만발하네!

평화로운 핏줄에 앉아
옹기종기 제비 같은 형제들
이 따뜻한 이른 봄
새싹이 돋아나는 날이어라!

조상님께 감사의 기원 올리고
부모님께 세배하고
손자들의 장기자랑에
마음 가득한 선물

가족의 향기를 나누는
기쁨이 넘쳐나네

올 가을에 다시 모여들
제비들이어라!

여행

빛처럼 빠른 기차보다
고속버스가 더 좋겠다

문득 일상을 내려놓고
떠나고 싶을 때

뜻밖에 폭우를 만나
못 잊을 사랑하고
서해안 어느 행에
오르고 싶다

사방은 온통 물바다인
거리에서
운명이 묶였으면 좋겠다

일생의 처음인
짧은 행복에 몸 둘 바
모를 즐거움을 안고

폭우에 묻혀 쉬어 가다
옛이야기 즐기며
고향역에 도착했으면
좋겠다

누가 황혼이 인생의 끝이라고 했나
뜨거운 가슴이 아직도
끓고 있는데….

계절

입동 추위가
계절 따라왔다

한줄기 메모로 달래며
시린 마음을 위로한다

얇은 백지 위에
많은 깨알 같은
생각들이 꿈틀댄다

만학도의 열매를 따기 위해
애써 보지만
그러면 그럴수록
더 높이 날아가 버리기에

마음을 비우고
아침이면 까치소리 듣고
저녁이면 밤하늘
별과 달을 따서
원고를 수놓아 본다

새해 새 아침

지난날의 회한 같은 거
말끔히 지우고
사랑의 조각들을 가슴에 안아야지

새날 새 아침
흐트러진 마음을
가다듬으니
눈밭을 스치는
바람도 시원하다

오늘 하루는

오늘은
온통 노랑으로 뒤덮은
개나리 같은
화사한 날이었으면
좋겠습니다

오늘은
깊은 산 바윗돌에
한 줌 찬연히 부서지는
아침 햇살 같았으면
좋겠습니다

오늘은
물속에 홀로 피었다 지는
한 송이 새벽달 같았으면
좋겠습니다
오늘은
숲이 많은 오솔길에

한 점 가까이 다가오는
그리운 발자국 같았으면
좋겠습니다

오늘 하루는

봄의 시작

날이 선 찬바람에
몸부림치던 어린 생명들

밀려드는 봄의 입김에
새로운 해동이여

산골짝 양지의 햇살 빛날 때
오솔길 트인 산촌에는
옹달샘 녹아
물안개 뽀얗게 피고

들마다 거리마다
주저 없이 가지에
새순 내미는
어린 나무
늙은 나무들
이제 다시 찬바람이 분대도
돌이킬 수 없다네

거침없이 하루가 다르게
새 생명의 의지는 넘쳐난다

진달래 개나리
앞뜰의 라일락 향기
찬란한 봄을 노래한다

가슴에 안았던 것

어릴 때 아버지가
고추 달걀 팔아 사주신 꽃신
너무 소중해 가슴에 안고 잠들었다

초등학교 때 선생님 건의로
글짓기에 받은 우수 상장
두근거려 가슴엔 안고 잠들었다

중학교 때 달뜨는 교실
작가로 뽑혀 밤새워 글을 올리면
30~40개씩 파이팅에 달은 댓글
신나서 가슴에 안고 잠들었다

고등학교 때 아껴주시던 선생님
좋은 글쓰기를 바란다며 전해주던
편지와 시집을 받고
고마워 가슴에 안고 잠들었다

방송대 국문학 동아리에서
동국대 문학관 다녀오면서
연세대 윤동주 시비를 돌아보면서
청바지 핫바지 노래 부르며
할머니도 할 수 있다는 격려에
가슴이 벅차던 일 가슴에 안고 잠들었다

중년 나이에
신사임당 백일장에서 장원으로 당선돼
문학소녀의 꿈을 펼 수 있다는
마음이 창공을 날았다
나도 이제 시인이 될 수 있어
꿈을 품에 안고 잠들었다

하나하나 가슴에 품은 것
추억과 기억들이 넘친다
석양의 붉은 노을이 깊어지는
내 노년의 실루엣!

아침을 맞으며

햇살이 하루를 달고 와
창문을 두드리고
까작까작 새소리가
잠든 도시를 깨워
아침을 열게 하네

오늘도 무사함에
숨 쉬고 있음을
우주 만물에 감사하고
모든 사람들에게
행복을 분양해
주었으면 하는 마음에
세상은 어제와 또 다르네

시계꽃과 조그마한 개미 움직임
새소리 음악소리
이 작은 것들이
놀랍게 눈부시고

텅 빈 바둑판에 놓인
한 점 바둑돌 같은
내 외로움이
싫지 않네!

봄날

햇살을 잔뜩 풀어놓았다
힘껏 밟는
내 인생의 가속 페달에
보랏빛 추억을 안고
물안개 피어나는 왕숙천
강가에 섰다

소복이 쌓여가는 행복의
온도를 느껴본다
힘찬 발걸음으로
푸른 세상과 햇살처럼
눈부신 세상을 펼쳐 보련다

행복이란 글자에
점 하나 찍으면
행복해지는 것을
기대와 설렘으로
인생은 흘러간 것이
아니라 채워지는 것이다

꽃들의 전쟁

개나리 그녀와
진달래 그녀는
봄을 노랗게 빨갛게 하얗게
갈아입혔다

남녀노소 할 것 없이
그녀들만 보면 매혹이 넘쳐
하품인 듯 웃음인 듯
얼굴에 피어나는 꽃 봉오리

만개한 개나리 진달래 꽃
아름답고 향기로운 세상
너울대는 봄 나라!

정선장

줄기마다 서려있는 정선 아리랑고개
뻗은 기상과 고즈넉한 산등성 아래

길고 늘어진 노랫말처럼 흐르는
정선 장터는 음악이 춤추고
다양한 먹을거리가 사람을 불러들인다

손님을 기다리는 가지각색 물건들
말린 고사리 산채나물
버섯 더덕 약초가 지천이다

바쁘게 움직이는 아낙네들의
고단한 삶 속에서도

꼬깃꼬깃한 지폐 한 장 손에 쥐면
둥글둥글한 함박웃음소리와
뿌듯한 기쁨이 있는
아리랑이 품어주는 상인들

여백

하늘 높이 쏘아 올린 삶의 화살이
조각구름 위에 앉는다

저 멀리 들국화
가을 향기는 바람을 타고 올라간다

이내 나도 그리움을 꺼내어
들국화 향기에 실어 같이 보내고
남은 빈자리 찾아
사랑을 그려본다

친구

빈 잔 속에 내려놓은 친구
나누었던 따뜻한 손 눈물방울들
비틀거리는 일상을 가져다준다

지갑 속 아주 큰 웃음이
작은 사진 속에서
바라본다

깨알 같은 속삭임이 벌에서 들린다
반짝이는 미소가
술잔 속에 빠진다
친구가 취했다

까치

앞뜰 소나무 가지에
까작까작 까치 한 쌍
날아와 앉았다

동서남북에 심어놓은
다섯 손가락
엄지, 검지, 중지, 약지, 소지 중
어느 한 손가락이 아프지 않을까

다 안쓰러운 손가락
매일 무사하기를 바라는 마음

오늘따라 좋은 소식
기다리며
괜스레 마음이 설레이네!

고향 1

북두칠성 별들이
바다에 뛰어들고
조각구름 내려앉아
엷은 파문이 눈가에 넘쳐난다

뒷동산 산봉우리는
꽃 한 송이 손에 들고
날 부른다

물고기와 함께 놀던
어린 시절이
흐릿한 안경 너머로
떠오르며

구름 타고 바람에 실려
언제나 마음은 탯줄이 꿈틀거리는
내 고향에 살고 있네!

초원에 햇볕이 화사하게

철마다 옷을 갈아입던 산천

고향 2

암태 소시리[1] 바닷가에서
새벽이면 자욱한 물안개
저녁이면 오렌지 빛 노을
하얀 등대 위를 나는
갈매기 떼를 바라보았다

설레이는
내 마음 풀잎처럼 부드러워지고
아늑한 고향의 품에 들고 싶다

이제 손에 쥔 것들
어깨에 걸머진 것들 다 내려놓고
여기저기 고향 풍경 바라보다

조용하고 아름다운 소시리
부두 강가에 오막살이
집이나 한 채 짓고 싶다

---

1) 신안군에 있는 마을 이름

민들레

바람에 떤 비밀한 속살마다
동상 걸린 몸,
돌조각 하나 의지하지 않고

모질게 밟히고 또 짓밟혀도
고래 심줄보다
독하게 질긴 생명

인고의 세월을 견뎌
겹겹의 덧난 상처와 환부
벗겨내는 야문 몸짓

간직했던 민초의 꿈
하늘로
하늘로
밀어 올리는 그대
민 · 들 · 레

산길

삶을 뒤돌아보니
제법 멀리 걸어온 길

아차산 푸른 그늘 아래서
나직한 바위에 앉아
앞날을 꿈꾸어 본다

미래의 남은 여정
부모님께 오래도록
살아 달라고 붙여준 이름

석(石)은 천천히 늙으며 심(心)은 심지가 굳다
돌은 늙을수록 수련해진다는
부모님 말씀처럼 살려고 노력하리라

숲 향기 들이마시며
언덕길 걷노라니
바람소리 새소리 추임새에 맞추어

흥겹게 들리는구나

이 세상에 대한 애환 없노라
사시절(四時節)
푸른 산천 닮은 사람
우주만물 문학과 함께 살리라

아버지의 달

내 기억 속
아버지의 뜰에 쏟아지던
그 푸른 달빛
담장을 넘어온 달이
연못에 빠진 밤이면

아버지는 달빛을 건져
눈썹 위에 올려놓고

밤새도록 굴러 떨어진 달빛에
댓돌이 다 잠길 때까지
당신은 고독의 먼 밤을 걸었습니다.

세월만큼 무성한 숲을 헤치고
아버지를 잉태하고 입산한 달

더는 기울 수도 찰 수도 없는
화석의 달로 떠있는
찰랑찰랑 울 아버지

철쭉꽃 동산

노상 아쉽고 서운한 마음이 들 때는
철쭉꽃 빛이 발걸음마다
주단으로 깔아 주는
아차산 자락을 찾는다

쓰리고 아팠던
마음을 애써 지우며
잊었던 나를 찾아본다

꽃잎마다
아픔의 마디마디를 숨기고
웃고 있다

웃음 속으로 나도 들어간다

수인이

세상을 울리던 첫울음
사랑이다
호수다
온 우주다

미소는 아름다운 꽃송이
울음은 마음을 움직이는 보석이다

서툰 옹알이가 평화를 부르게 하고
가슴으로 짜릿하게 흐르는 감동은
천사이자 선물이다

너를 바라보는 것 하나로
사랑의 싹은 피어나고
웃음이 터져 나는 기쁨이다

어느덧 여덟 달 만에 일어서고
기우뚱기우뚱 걸음걸이에
배꼽이 빠지는 소리가 나온다

속리산

제자리에 넣은 가슴으로
오체투지 마냥 두 손을 모은다

외로운 영혼에게
벗으로 남고 싶어
목마른 나무들을 불러
버들잎 띄워 보내는 손길과 배려

바람을 등에 업고
오랜 세월 깎이고 깎여
외로운 한 점 티끌이 될지라도

이 땅에 끝내
하늘 높고 푸르던 시절의
시들지 않는 빛으로 남고 싶구나

흔적

산천에 일렁이는 숨소리는
환하게 일상을 비추고
깊은 숲 속에는
많은 푸름으로 설렌다

기다림으로
곱게 물드는
작은 그리움 하나

바람결에 흔들리는
고요한 마음
잔잔히 일렁이는
나뭇가지 사이로
님의 옷깃을 적신다

인연

옷깃을 스친 사람
마음을 훔쳐간 사람
눈빛을 마주친 사람
밤하늘 별들의 숫자 만큼일까

만나고 헤어지고
생각하고 잊어버리고
피고 있는 꽃잎을
눈 속에 넣는다

날아온다
나비가 다시
누군가 오고 있다
봄 길로….

일출

지친 봄이 매달려
삐뚤어진 창문을 여닫고

폭포수처럼 쏟아내는
찌꺼기가 가득한 마음을

하얀 눈 위에
지나온 발자국으로 남아 있고

코를 벌리고 저 산 너머
떠오르는 붉은 용기를
마음껏 들이마신다

고향집

귀뚜라미 소리에
손톱 위 반달이 뜬다

뒤뜰 커다란 감나무 가지에
홍시가 주렁주렁
까치가 내려앉아
손톱 끝에 매달린 반달의 눈이 커지고

서풍 타고 남실안은
유년으로 달려가고 있다

꿈속에서 달은 살이 오른다

한가위

온 가족이 둘러앉아
반달을 빚는다

열 가지 과일에
가지각색의 나물에
찬을 차려놓고

노랑 저고리 옥색치마
옷깃에 오색 달을 달아
한가위 뛰놀며

내 친구 "신자" 얼굴만큼 밝은
저 달도 만삭이 되어 춤을 춘다

정이 넘치는 고향 하늘
그리운 옛 추억이야!

청산도

오랜 역사에 고인돌과
미로처럼 엮어진 돌담 길

붉은 노을로 시를 쓰는
황금빛의 전복 바다

이 아름다운 풍경이
파노라마처럼 펼쳐진다

태양 달빛 별빛 어장(漁場)이며
우리의 삶의 여정도 쉬어가는
다도해 근접한 섬

청산도 산 너머로 달빛은
빛 가득 만월 되어
팔도의 길손들이 몰렸으리
청산도 아일랜드 철선은
오늘도 만삭이겠지

연필

생각을 그린다
그 위에 마음을 얹는다
고통 슬픔 웃음 행복도
풀어헤친 검은색이
넓은 밤하늘 별이 되어
아름다운 색으로
깜빡인다
영혼이 살찌고 있다
백지 위에 나를 세워 본다

오월의 향기

푸른 청춘 토해 내는
눈부신 오월의 숲
약동하는 풀잎의 환희
잎새에 담아 가슴에 물어본다

싱그러운 꽃향기 물결
연둣빛 짙어진 봄
계곡의 흐른 물 햇살이 윙크하고
심장을 드러낸 노란 봄날

생명의 향기 물씬 품긴
오월의 하늘이 더욱 붉게 피었다

지리산

천왕봉 노을빛
사색이 내려앉는다

지난날 아픈 상처가
가지가지 맺혀서
산마루 비둘기도
저리 슬피 우는가

가을은 아직
산 가장자리를 맴도는데

단풍원 잎새마다
붉은 눈물 달고서

산 아래로 아래로
흐르고 있다

6월

세상을 여는 향기들의 축제
아카시아는 나를 보며 말한다
내 향을 맡아보라고

푸르게 타오르는 계절
산과 들 언덕에 송송이
마음마다 추억이 핀다
넘치는 그리움의 햇살

예쁜 우리 며느리 같은
둥근 자두는
뽀얀 너울 쓰고
수줍게 나를 부른다

6월이 나를 부른다

초승달 1

여명은 잠들어 있는
도시의 공간들을 일으킨다
떨어지지 않는 눈썹 사이에
매달린 초승달 더 많은
별 친구를 만들고

넓은 하늘에서
위풍당당하게
구름 위를 산책하며

행복한 나를 만들기 위해
환해지는 하늘 속으로
숨는다

초승달 2

초승달 보니
서정주 시인 그립다

수십 년이 지나도
강물에 흘려보낸
어릴 적 시인의 고무신은
밤하늘 초승달로 걸려 있는데

주인은 어디 가서
돌아오지 않는가
고무신 가지러
하늘에 갔는가!

섬마을

하늘땅 마주보며
길게 누웠다

하늘을 바라보며
점 하나 검게

바위가 많은 섬
파도를 감고 사는 삶

바다 내음 풋풋한
여름을 즐긴다

부딪쳐 흩어지는
파도 알갱이를 모아
희망을 가져보았지!

파도는 근심 걱정
고뇌를 다 삼키며
하늘을 바라본다

보리의 마음

봄의 그리움을
숨기고 쌓았던 보리
스스로 달래는
고독이 아직은 춥다

일어섰다 쓰러지고
쓰러졌다 일어서고
밖으로 나가고 싶어
몸부림친다

멀리 떠나고픈 갈망을 누르고
장대만큼 빨리 크고 싶다
만물이 생동하는 날
꽃밭 한가운데서
큰 춤을 추고 싶다

봄이 오는데

실록이 물든 오월 속으로
봄은 새록새록 자란다

웃음소리가 터질 것 같은
새들의 둥지

새색시 환하게 웃는
개미허리에 맞잡고
즐거워하는 장미꽃들

봄의 초대장을 들고
노래하고 춤추는 세상 속에서
한바탕 놀고 싶다

풀잎

바람에 흔들리는 숱한 회한
하늘빛처럼 살고픈
집념을 묻은 뿌리

바위틈 새어 든 달빛에
마음을 녹여보며
구부러진 허리 다독인다

찬란한 햇살 앞에
두 손 모아 기도하며
하늘 향한 잎사귀는
보람으로 날린다

봄

겨울 끝에서
뽀얗게 웃는 봄

햇살은 창문을 노크하고
곱게 비출 줄 알았지만
다시 오는 봄은
꽃바람을 타고
내 코끝에 매달렸기 때문입니다

희미한 달빛
멀리서 머물던 당신
창가를 두드리며
젖은 목소리로 나를 부릅니다

여전히 포근한 당신의
우주만 한 그리움도
봄앓이를 합니다

황혼

열어 볼 수 없는 내일
오늘 우리가 살아가고 있는 세상은
일시적으로 머물다

어느 한순간에 아주 먼 길
한 번도 안 가본
길을 가야 하는데

그 길에 마우스를 대고
클릭, 더블클릭을
해봤으면 좋겠다

한 생을 열심히 살았지만
앞으로는 어떠한 길일지

꽃처럼 웃고 새처럼 노래하고
구름처럼 흘러가며
석양이 더욱
아름다웠으면 좋겠다

승봉산

승봉산 기슭에 숨어서
풀꽃으로 태어난 나는

산에서 뿌리를 배웠고
바다에서는 하늘을 배웠다

대자연과 함께 살아온
고향 사랑의 향기를 풍기는
한 송이 작은 꽃으로 피어나

5월의 푸른 돛을 달고
땅 끝에서 하늘 끝까지

봄소식을 무수히 전해주는 고향
봄 꽃 향연이었으면 좋겠다

나는 김선달

햇살이 윙크하는
강기슭에 갈대밭을 바라보며
조약돌 씻어주며 놀다가

고목인 느티나무 끌어안고
웃다가 또 울다가 그렇게
살아갔으면 좋겠다

덧없이 해 기우는 시간을
감아 돌아 조랑말 뛰노는 것을 보고

아득히 저문 노을을 보며
깔깔깔
내달리다 가고 싶다

오늘은

가을비가 내리는 날
운치가 있는 덕수궁 돌담 길
한 잎 두 잎 떨어지는 낙엽을 밟으며
우산을 받고 옛 친구와 함께 걷고 싶은 날

누가 황혼의 끝이라고 했나
아직도 마음은 불타는 청춘인데!

누가 노을이 인생의 종점이라고 했나!

허리가 잘록한 개미들이
먹이를 물고 가는 것만 보아도
깔깔 웃음이 나오는데

아직도 실바람만 불어와도
마음은 설레이는데!

내 고향 여름밤

모깃불 하얀 연기가
머리를 풀고 하늘을 휘감는데
모닥불에 감자 옥수수 익는 구수한 냄새

귀뚜라미 풀벌레
맹꽁이도 끼어들어 합창하는 곳

평상에 누워 밤하늘 별을 세고
계수나무 옥토끼 금토끼 찾던 곳

새끼 꼬는 아버지 무릎을 베고
밤마다 꿈나라로 떠나던 곳
지금도 나뭇가지에 걸려 부침하는 곳

한 폭의 그림

화선지 위에
행복의 빛을 뿌리네

마음의 갈증을
물감으로 색칠하고

빈 눈밭에서
작약의 순이 오르고
튤립 가지에 꽃망울이 터져 나오고
알록달록 화사한 꽃밭
나비들이 춤추네!

사랑하는 딸에게

따르릉 따르릉
날씨가 추우니 옷 아끼지 말고
따뜻하게 입고 다니고
밥도 때 늦지 말고
드시라는 당부 거듭한다

부모와 자식이지만
언제나 너는 항상 나에게 주기만 한다
아이야! 다음 생에는
바뀐 생으로 태어나자
너에게 빚진 거 다 갚을 수 있게

이 못난 엄마를 위해 태어나준 것 같구나
한없이 주기만 하는 너에게
이 세상 모든 사랑을 보자기에 싸서
안겨주고 싶구나
사랑하는 내 딸아

소녀의 꿈

강가에 예쁜 돌을 주워 들고
저 멀리 던져 버린다
사라져 버린 곳에서
얼마나 있을지 모르겠다

시간을 비집고
고개를 내밀어보니
세월은 숨 가쁘게
잡을 수 없게 도망간다

꽃 같이 아름답고 싶어
산 위에 오르고
멋진 꿈을 꾸기 위해
밤하늘을 훔치고

큰 야망을 따라 바다도 건넜다
바쁘고 힘들어도 울고 웃으면서

내 고향 신안 암태섬

소시리 등대만 바라봐도
가슴은 두근두근 자꾸만 바다를
건드려 때를 쓴다

하늘 가득 뿌려 놓은 연청
한 없이 불타오르고
승봉산 우뚝 솟아 서해안의 장관이
눈앞에 펼쳐지고
나야, 나 자태를 뽐내고 있는데

남실안의 고동소리는 멀어져 가고
천사태교의 다리 위
자동차들은 오늘도 만삭이겠지!
쓸려가는 빈 가슴
파도 위 실어 바다 위로
건네 보낸다

커피

따뜻한 커피 한잔
책상 위에 놓으니

보고팠던 친구가
잔속으로 들어간다

해맑은 얼굴이
가득한 그리움으로 출렁인다

진한 향기는
그리운 시간 속으로

따뜻한 여행으로
스며든다

2부

빛의 눈

태극기를 달며

하늘 찌르듯 창공을 날며
그 외치던 만세 소리 들고
붉은 피 한 소녀의 생은 역사에 남는다

꼬막 손 백의민족 독립만세 외친
십칠 세 유관순 머무는 꽃 봉오리
옥중에서 외침은 대한민국이여
삼천만 겨레의 다 함께 만세 부르자

겨레여 하나 되어 이 나라 수호하자

동백꽃 연정

붉디붉은
여인의 눈물
오동에 비 뿌린 듯
비운의 사랑

저 세상에서
못다 한 사랑으로
환생하였을까

점점이 박힌
말 못할 그리움이 있기에
동백꽃 그윽한 향기

한 많은 붉은
아픔은 폭설에도
핏빛으로
불타는 비명!

매창

그리움이 사무쳐도
서로 보질 못하고
오동에 비 뿌린 듯
비운의 사랑

주옥같은 시조 거문고
비단을 펴는 노래

아련히 찍고 간
붉디붉은 아픔
누가 그 슬픔을 알겠느냐

황진이 홍랑과 함께
후대에 회자되던
기녀시인 매창

세월은 흘러도
비취색 치마엔
그녀의 향기가
아직도 잔잔하구나

삶의 깨우침

행복의 파도는
한자리에 머물지 않는다
밀려갔다
밀려온다는 것을

슬픔 속에서
행복의 가치를 알았고
불행에서 기쁨의
가치를 배웠다

눈물 속에서
웃음의 가치를 느꼈다
인생이란 고락을 함께 한다는
것을 배웠다

나이가 들어보니
젊음의 소중한 가치를 알았고
붉은 노을에

세월의 소중함을

이제야 알겠노라!

가는 세월

꽃이 피면 열매가 맺고
며느리가 시어머니가 되듯이
비켜 갈 수 없는 세월의 지문
황혼의 호수이어라!

한 생의 질풍노도가
밀려가고 밀려와 부딪히는데

가슴 안에 오래 묵혀둔
부르지 못한 노래들만 아우성이다

세월은 무성한 숲을 헤치고
속절없이 지고 어제도 오늘도 덧없이
해는 기우는데

추억 한 자락 안고
휘파람 분다

보고픔이 밀려오는 날

술렁이는 마음 보고픔이
짙은 음률 속에 길을 연다

도려내면 낼수록 더욱 도드라지는
양면의 날처럼

겹겹이 쌓여 등잔 뒤 가려진 그리움
맴도는 찻잔에 마음 한 스푼 헹구어 놓고

오늘은 시가 쓰다 행간을 생각하니
오래비가 떠오른다

사색(思索)

하얀 백지 위에
그림을 그려본다

붓을 가다듬어
네가 원하는
동그라미를 그리고 싶지만

모서리에 부딪쳐 자꾸만
삼각형 사각형 울퉁불퉁
모난 그림만 나온다

색심(色心)을 얼마나 많이 다듬어야
내가 그리고 싶은
그림을 그릴지!

그리는 자리가
무인도였으면 어떨까?
바닷가였으면

산이었으면

내가 원하는 그림이 나올까?
어느 곳에서 어떻게 그려야
동그란 그림을
언제쯤 그려질지!

인생무상

인생은 새옹지마
날아가는 화살 같다
민들레처럼 피었다
오뚝이처럼 넘어졌다 일어섰다

한때는 푸르른 창공을
훨훨 날았는데
벌써 입동 철에 들어
흰머리에 구부러진 허리
얼굴엔 수많은 시간의 지층

새삼 할머니라 불리는
이름만 남았네!

낙조를 바라보며

동해에 떠서
서해에 지는
저 황홀한 태양처럼
나 또한
내 몸에 남은 한 방울까지
마지막까지 불사르며
이 지상에서
아름답게 소멸하고 싶다

파도

수없이 많은 사연 말로는 다 할 수 없어
이렇게 절규 하는가

밤낮없이
소리 내어 외치며
울부짖는 너

내 속에도 네가 있어
그 가슴 오늘도
검은 멍이 드는가

언제 우리
긴 아픔의 어둠에서 벗어나
희망의 별으로 손잡고 갈는지

파도여 대답해 다오
파도여
대답해 다오

(재개발 비대위 위원장을 맡아볼 때 답답해 써 본 글임)

세월(歲月) 1

우물 속에는 하늘이 펼쳐지고
구름이 흘러가는 밤하늘이다

그 우물 속에는 여인이 있다
뒤돌아 발길을 옮기는데
그 여인이 가엾어진다

달빛 별빛 우물 속은 늘 그대로인데
그 여인은 변했다

파뿌리처럼 하얀 머리 구부러진 허리에
주름진 할머니가 우물 속에 있다

세월 2

철없는 딸이
누군가의 아내로 살고
엄마가 되고 할머니가 되었다

꿈 많던 단발머리
사진 속 추억들
밤마다 별빛 속에서 바래진다

머리 발이 하얗게 빛난다
집 앞에 늙은 나무는
넓은 하늘을 힘겹게 안고
나를 부른다

양팔을 벌려 가지가 되어주고
머리를 풀어 잎이 되어준다
하얀 백발로…

세월 3

깊은 잠 속에
파묻혀 살고 있는
영혼을 깨운다

지나간 생각들
아름답고 슬픈 사연들
깨끗하게 지워 버렸다

처마 끝에 매달린
별빛이 묻어나는
젊은 시절의 꿈은
잊혀지지 않고
방안에 가득한데

잡초 밭

잡초 밭 꽃 무덤
보랏빛으로 물들었다

나비 떼들 여름빛을
가슴에 품고

허공을 가를 량으로
바라춤을 추는데

내 안에 텃밭 하나
가꾸며 살아가리

사방에 굴절된 빛
안으로 다독이며

무성하게 자라는 잡초며 돌멩이며
잠재우고 살아가리

묵호 등대

바람의 언덕 논골 돌담 길
미로 같은 좁다란 길 따라 오르면
거친 숨소리를 바람이 안고 돈다

수변공원에는
삶을 엿볼 수 있는 조각 작품이 있다
힘겨움의 삶을 해학적으로
형상화한 벽화
이고 진 짐 보따리에서
여인의 고단함이 엿보였다

고단함을 뒤로하고
전망대 위 오르면 하늘 바다 끝
멋진 항구의 역사가 살아있다
앞바다는 삼면이 끝이 없고
뒷면의 바다 위에 떠 있는 섬들
모두 다 비취 보석이 장관이다
빛은 천리만리로 무한한 감탄사를
자랑스럽게 달고 수평선으로 간다

대마도(對馬島)

대마도는 본래 대한민국
땅이었다는 것을
아는지 모르는지

여전히 입 다물고 말이 없는 섬
더러는 야속하고
원망스럽기도 하다

빈약했던 대한민국 국시를
어찌 탓하겠는가
외교 교섭하던 조선역사단 사절단
108명 목숨을 잃은 불행한 사공

애도의 뜻을 담은
역관사 조난추도비 세워진
피 흘렸던 자리 상상해 보면서
우리 문인들도 숙연해졌다

해는 솟아올라

지구는 하나라는 것

어떠한 이해관계에도

전쟁은 사절되어야 한다

이효석

메밀꽃 달빛 마을에
잉태하고 입산한 이효석

남, 북을 넘나들면서 학업 중에도
흔들림 없이 자기 색깔을 가지고
뛰어난 대표작 "메밀꽃 필 무렵"을
비롯한 수많은 작품을 남겼지만

작가의 운명이었는지!
문학세계의 운명이 있는지!
평창의 운명이었는지요

아내와 자식을 잃은 붉은 아픔에
실의에 빠져 심신(心身)에 지친

짧았던 문학세계의 아쉬움 남기고
육체는 떠났어도 그분에 대한 향기와
메밀꽃에 비춘 달빛 한 덩어리는
더욱 둥글게 점점 살이 오른다

순천만

항구적인 정원 무리 지어
비상하는 저 영혼들
천상에서 즐거워하는 노래들
노랑 빨강 점점이 수놓은 꽃잎에
벌 나비 떼들 찬란하다

순천만 땅에 각 나라 정원의
뿌려진 풍요로운 색채들 대자연과
어우러져 예술로 승화시키고 있다

순천만 이국적인 신이 내린 풍경에
우리들의 혼을 흔들어 놓았다

많은 볼거리에 눈망울이 바빠진
관광객들이 아름다운 풍경의 빛이
곳곳에 뻗어 팔도의 관광객이 모였으리!

사근동

사업실패와 불치의 병으로
3년이란 세월을 병상에서 생사를 넘나들던
해초보다 더 짠 시간이었지!

홀 시아버님과 오 남매 아이들
땟거리가 없을 정도의 운명에
묶였을 때가 생각나서
마음이 매우 시려온다

서민들이 살던 천막집은
성냥통을 쌓아 놓은 듯 변하고
개천의 숨구멍은 막혀 있었다

고향처럼 품어주던 삶의 징검다리
세상 시름 힘들었던 군상들

지나가버린 시절 앞에 마침표를 찍고
이제는 추억으로 남은 기억마저도

너무나 아팠기에
망각이라는 이름으로 덮어 버릴까
추억이란 이름으로 저장할까

젖줄

소녀는 백발이 되었는데
고향은 그대로네

나를 잉태하고 입산하여
길러준 터 아늑한
풀잎 같은 내 고향

산에는 산등성이
바다는 수평선
들에는 지평선
산과 바다를 품고 있는 곳

다시 태어나고 싶은 아름다운 풍경이 있는 섬마을

이 아름다운 내 고향에 운명을 묶었으면 좋겠다

폭염(暴炎)

온 천지 화염 속
우주는 타고 있다
무엇으로도 진화할 수 없는
불덩어리

인간이 무수한
생채기를 내어
자연은 화가 났을까

활활 타고 있는
이 용광로는
반 지하 계단으로
망설임 없이 내려간다

문득 돌아본 세월

봄을 심다가
문득문득 그리워졌습니다

여름을 가꾸다가
문득문득 외로워졌습니다

가을을 따다가
문득문득 두려워졌습니다

바람처럼 한 무리 새떼가 지나가더니
등 뒤엔 황혼이 밀려옵니다

그리움도
외로움도
두려움도
이젠 가슴의 등불이 되었습니다

빛의 눈

해와 달이
절벽 위에서 추락한다

별이 쏟아져
바다에 가라앉고

어두운 그림자는
땅 위에 풀잎까지도
묻어버린다

어쩌지 못하고
시간을 허물고 있는
답답한 가슴

그러나
불 켜진 창엔
빛의 눈이 있다

코로나 19

화성 달나라로 탐험하는 과학
생명공학의 발전은
100세 시대를 바라보지만

2021년 태어난 코로나라는
작은 미생물 앞에
77억 인류는
생명의 위협과
엄청난 공포를 느낀다

그 속에 피어난
사람들만의 휴머니즘은
감동을 불러오지만

언제 끝날지 모를
이 전쟁 같은 난리통은
조금만 더 조심하라고
조금만 더 거리 두고

조금만 더 방역을 지키는
생활이어야 한다고

땀범벅이 된 방호복
고글 자국이 선명한
의료진들의 얼굴을 보며
방심하지 말자
방심하지 말자
다시 또 다짐한다

낙화유수

며칠 전 만해도
처마 끝을 높이 들고 섰던 백련화
어느새 기울어 바람에 날린다
아, 하룻밤 꿈같은 세월 살자고
그리 일찍 눈 속을 뚫고 나왔던가
속절없이 지는 꽃잎에
내 마음 상고대 맞는 듯하여라

아버지와 바다

서해안 노을이
수평선에 내려앉으면

푸른색 바다를
한 자락 잘라
갈매기로 옷깃을 달아
두루마기 만들어 입혀 드리고

똑딱선 돛단배에 닻을 올려
끝없이 넓은 세상을

아버지와 함께
유람했으면 좋겠네!

향수

-고 현곡 선생님께

현곡 선생님 그날 그 시간까지
사랑의 향수를 전하셨습니다
구만리 돌아 거듭 구만리
자정의 고개를 넘었습니다

현곡 선생님은 가시고
우리도 언젠가 가겠지요
누구나 한 번은 자신만이
홀로 떠나가는 길

노을 짙은 서쪽 하늘에
한 폭의 인간화(人間化)를 그리고
조용한 음표를 찍으며
그렇게 고이 영면하셨습니다

우리도 한 금 한 금 가까워오는
그날 그 시간이 있겠지요
인연의 돛단배는 떠나갔지만

살랑대는 봄바람 타고 오셔서

문우들 반가워요 하시며 미소 짓는
손짓을 하실 것입니다

산

산길을 오르면
아버지의 체취가

내 허한 마음을
살포시 덮어준다

산을 대 할 때마다
정겹고
아쉬움은 더욱더 커진다

풀 한 포기 같다고
많은 나무들이 무겁지도 않은지
안아주시는 울 아버지

빗방울

인생의 길목을
적셔주는 빗방울

항하사[2]란 숫자만큼
많은 인연으로
못다 한 말들

태어나고 죽고
즐기고 노래하고
누구나 사연을 묻지

길 잃은 새 한 마리가 나와
눈을 깜빡이며
빗방울을 세고 있구나

---

2) 인도의 갠지스강을 말한다. 셀 수 없이 많다는 뜻

세월 2

깊은 잠 속에
파묻혀 살고 있는
영혼을 깨운다

지나간 생각들
아름답고 슬픈 사연들
깨끗하게 지워 버렸다

처마 끝에 매달린
별빛이 묻어나는
젊은 시절의 꿈은
잊혀지지 않고
방안에 가득한데

어느 초겨울

찬 서리 맞은 들국화는
잎마다 바람에 아픔이 스며든다
모든 이를 사랑하고 싶다고
슬픔까지도

입동이 문 앞에서 서성인다
짧아진 하루하루가
더욱 바쁘기만 하다
많이 보고 싶은 사람들

그리운 날들이 많구나
내 인생에 봄꽃처럼
찬란했던 순간들 만져본다
마음 구석구석

통증(痛症), 4월은

피려고 머무는 꽃들이
진도 앞바다에 뚝뚝 떨어졌다
달빛 별빛도 떨어졌다

그 무엇이 그들을
슬프게 하였던가

젊은 삶의 폭설이
얼마나 더 슬픈가에 대한
삶의 파노라마였다

생의 비참했던 굴레를
벗어나려는
활화산 같은 붉은 심장의 동맥들이
사투의 울음 꽃인가

젊고 아름다운 청춘들이
몇 백 명 떠나가는 슬픈 현실을

아직 피지 못한 한을 삼킨 파도와
욕망의 화살에 쏘아 올린
사악한 하이에나 같은 양심에

아가야 내 새끼야
빨리 나와라
얼마나 어둡고 춥니
천 갈래 만 갈래 찢어진 절규

생을 다시 볼 수 없는
서러운 꽃들이
세상을 다시 보고 싶어
부모 형제 품으로
돌아가고파 아우성이다!

마음

술을 한 잔 마셨다

세월의 실타래에
맺힌 슬픔
좀체 가라앉지 않던
분노와 슬픔이
점점 사그라들고

마침내 속이 텅 빈
투명한 항아리로
모든 아픔
하나의 누룩이 되어
진한 청주 맛으로 몸을 푼다

채석강

바다는 바다대로 울고
하늘은 하늘대로 울고
세상은 끝에서 운다

아픔에 못 견뎌 솟구쳐도
망부석으로 굳어버린 그리움
꿈쩍도 하지 않는데
달을 보내고
해를 보낸다

또, 가을이 왔구나

세월은 빨리 다가와
먹구름 천둥 번개 아득히 끊어지고
귀뚜라미 소리에 얼굴이 붉어진다

이제는 높은 산길만 보아도
지레 마음이 지치는데

자꾸만 기름불 찾아드는 이 가을을 어이할꼬
외로움이 솔씨처럼 익어가는
이 가을 또 어이할꼬

마곡사

태화산 자락에 허리를 감고
울창한 자연의 숲 솔향기 풍기는
신록이 우거지고 쾌적한 곳

천 년의 고찰 마곡사는
백제 때 세워진 사원
이층으로 세워진 목조 건물 법당에

중생들은 저마다 먼 길을 달려와
묵언의 소원을 빌며
명상의 참배를 올리며

참회와 사후의 세계를 생각하는 것일까!

삶이란

앞만 보며 달려왔던 인생이었지
건강과 얽힌 실타래 푸는 동안
서산에 노을은 짙어만 갔네

어느덧 남편은 한줄기 구름과
바람으로 왔다가 떠나가고

아이들은 자라 제 갈길 찾아갔으니
허전한 마음에 뒤돌아보니
출발점은 저 멀리서 몸을 숨기고
종점이 가까워질 때

유일한 내 친구는 문학의 길이네!
알량하게 쓰는 글이지만
글 한편이 나의 애인이고
자식이고 친구일세!

유통기한이 없는 글을 쓰고

언제까지 정신력 잃지 않은
삶으로 뜨락에 피어나는
수채화 같았으면

어버이 은혜

그 흔한 카네이션 하나도
못 달아 드렸던 불효자는
지난 달력을 붙잡고
세월을 불러봅니다

항상 따뜻한 사랑과 정성을 주셨던
잊지 못할 당신들 이 세상을 다 덥고
바닷물을 다 짊어지고도 남을 듯한 마음

담아도 담아도 모자라는 어버이 은혜
창가에 일렁이는 꽃 한 송이 외로움을 노래하듯
어버이 모습을 가슴에 담아 봅니다

당신께 보내는 편지

못다 한 이야기가 너무 많은데
전할 수 없는 피안의 당신께
몇 마디 전하고 싶은 마음입니다

만학도 등굣길이면
책가방을 허리에 매어주며
사람이 남한테 속지 않고 살아가려면
배워야 한다던 그 격려하시던 말씀

밀려드는 파도가 노랑 그리움
달빛 꽃으로 이름 짓고
가슴속 텅 빈 마음
빛바랜 그리움 연둣빛 피우고

나날의 당신의 뜰에서
열심히 살아가고 있습니다

옛터

황소가 숨 쉬는 소리
개구리 울음소리
눈이 바쁘게 바라보던 꽃구경

일기장이 비좁도록
뿌려주던 가을 낙엽들
사방에 소리 없이 내리던 눈
어릴 땐 제대로 보이지 않았다

철없던 시절을 키우던
섬마을 내 고향 희망을 키우던 곳
세월의 무게와 눈앞에서 가로막는다
눈은 어두워지는데
이제야 고향은 참 잘 보인다

인생을 회상하며

아름답고 조용한
호수 옆에 기대앉아
조용히 바라보는 찻잔 속으로
남은 여생을 가라앉힌다

아득히 깊은 시간들을 더듬어
실패 속에 좌절했던
고통을 다 잊기로 해본다

백로 한 마리가
나에게로 조용히 온다
내 가슴을 따뜻하게
조여 오는
아름다움이 크다

오동도

오솔길 산중턱
우거진 수풀 속에
점점이 박힌
동백꽃 홍보석도 불똥처럼 뜨겁고

잔잔한 바다
붉은 노을
실비단 잔주름도 눈부시게 곱네

이 풍광의 빛이
만리에 뻗어
팔도에 나비들이 모여드는가

동백꽃 열차
해종일 만원으로
연육의 정을 실어 나르네

낡은 신발

신발장 구석에 처박혀 있는
낡은 내 신발들
한때는 저 신발도 화려했었지
들판의 풀꽃 속에 묻히기도 하고
가시밭을 열고 가다
여기저기 상처가 나기도 하고
벼랑을 기어올라 정상에 서기도 했지

기억 속 추억

가을 낙엽이
하나 둘 달아난다
해묵은 사연들
강가에 내려놓고

홀로 떠내려가는
플라타너스
더 높은 하늘만 응시한다

친구들과 정겹던 손깍지
해맑은 웃음과 미소
바람이 낚아챘다

천년같이 길었던 순간들이
바윗돌처럼 씻기고 깎아지지만
내 기억은 석양의 붉은 노을만
꼭 붙잡고 있다

울진 바닷가

앞이 탁 트인 만조 된 해변 가
산 중턱이 절묘하게
어우러진 풍경이
매우 시원스럽다

더는 채울 수 없는 푸른 가슴
꿈이 서린 한 세기의 역사
수천 마리 갈매기 떼
청아한 하늘을 품는 끝없는 저 바다

태고의 아득한 숨소리
산과 바다에서 불어오는
훈풍 받으며 질풍노도의 즐거움이 벌어진다

문인들은 소넌 소녀가 되어
파도에 시를 던진다
바람은 시의 행간에 잽싸게 들어앉는
온 산과 바다를 흔드는 감성을
말아 올리는 하루였다

달맞이 꽃

산중턱 사돈네 팔촌까지
다 모여 산다
이웃집 경사에
달빛과 함께 노랗게 불 밝힌다

집성촌 빌딩이 치솟고
자동차가 날아다니고
조그만 핸드폰이 온 세상에 다 담긴대도

우리만은 모여 살자고 했는가
조상님 물려준 얼굴
빛깔 향기 잃지 말고 살자고
서로 손을 굳게 잡았는가
한데 오순도순 사는 노란 달맞이 꽃

핵가족 시대인 우리네 세상에 이렇게 살아보라고
밝혀주네

매화

두물머리 석창원 강물이
봄빛에 익어 가는데
매화는 이른 잠에서 깨어나
하품인 듯
웃음인 듯
봄우물에 피어나는 꽃봉오리

나비 나비 나비
날아 날아 날아
꽃인 듯 날개인 듯
눈앞에 가득하네

향기로운 세상 환하게 웃는 저 매화
봄을 안고 내 안으로 들어오네

3부

그리운 어머니

태현이를 보다가

지난해 4월 말이다. 우리 집안에 대를 이을 손자의 첫 돌이었다. 이름은 어질고 크게 자라라고 태현이라고 지었다. 태현이는 돌이 되기 전부터 말을 곧잘 따라 할 정도로 언어 습득 능력이 뛰어났다. 아빠, 엄마, 할아버지, 할머니, 삼촌, 고모, 이모를 불러가며 재롱을 떨며 방긋방긋

웃으며 어른들의 귀염둥이로 톡톡히 한몫을 했다. 새로운 생명은 우리에게 기쁨과 웃음, 에너지까지 한 번에 모두 가지고 새로운 세상에 왔다.

아이에게 새로운 세상은 내가 살았던 힘들고 고단한 세상이 아닌, 좋은 것만 보고, 좋은 일만 하고, 좋은 사람으로 자라주기만을 바라는 마음으로 하루하루를 아이와 함께 보냈다. 태현이는 말은 물론이고 행동까지도 다른 또래 아이들보다 성장이 빨랐다. 특히 업어 달라고 졸라대면 과장된 표현이지만 항우장사도 못 당할 정도로 잘 먹고 잘 자라서 그런지 힘이 장난이 아니었다. 그런 손자가 그저 예쁘고 귀여워 나는 손자를 등에 업고 입을 다물 수 없이 좋아했다. 하지만 나이는 건강하게 자라는 손자의 무게를 버텨주지 못했다.

몇 달을 같이 지내면서 어부바를 해주었더니 다리에 무리가 왔다. 관절이 안 좋아져서 아무리 울어도 업어 줄 수 없는 상황이 되고 만 것이다. 물론 아이가 전적으로 내 다리에 무리를 준 건 아니지만 나이 들수록 조심해야 하는 약한 무릎이 저나 나나 어부바의 즐거움이, 미처 다리가 따라주지 못해 생긴 것이다. 마음이야 천 번, 만 번 업고

밖으로 나가고 싶지만, 육체적으로 감당할 수 없는 내 나이가 사실은 원망스럽기도 하다. 한 살 만 덜 먹었더라면 아이와 어부바를 즐기며 둥개둥개 어화 둥개야! 하며 놀아주는 할미가 되었을 텐데 말이다.

마음은 아프지만 어쩔 수가 없었다. 그러던 어느 하루는 또 포대기를 가지고 와서 할머니 '어부바' 하는 것이다. 나는 태현이에게 나의 파스 붙인 무릎을 손가락으로 가리키며 "할머니가 아야! 해서 안 돼."라고 말했더니 손자는 안하무인이었다. 무엇을 알아들을 나이가 아니라는 것을 알면서도 나는 아이에게 안 된다는 말로 애를 써봤지만 아무 소용이 없었다. 어르고 달래다가 관심을 다른 곳으로 돌려보려고 밖으로 데리고 나왔다.

밖으로 나온 태현이는 포기하지 않고 계속 어부바를 하다가는 지나가는 택시에 손을 치켜들면서 '택시!' 하고 부르더니 택시에 대고 어부바를 외치고 만다. 나는 아이의 행동에 그만 까르르 웃고 말았다. 그리고는 지나가는 행인에게 누나, 형아, 아저씨, 할아버지를 부르며 손을 흔드는 것은 물론, 가방 메고 가는 사람에게는 '학교가!' 묻기도 한다. 생면부지인 사람에게도 '어부바'를 부르며 울기도 하고 따라가기도 하는 것이다. 참으로 우습기도 하고 안타까웠다. 내가 건강만 하다면 둘도 없는 나의 손자를 실컷 업어주면 얼마나 좋을까,

나이를 먹는다는 것은 내리사랑을 자연스럽게 하는 것이다. 이 세상에서 이렇게 소중하고, 예쁘고 모든 것을 다 내어 줘도 아깝지 않을 것이 어디 또 있을까, 요즘은 업어주지 못하는 대신 카드놀이, 책 읽기, 자전거 타기, 공차기, 숫자놀이 등을 하고 있지만 놀다가도 업는 게 그리 좋은지 할머니 등허리를 가끔 어루만지며 얼굴을 등에 대곤 한다.

그러던 어느 날이다. 아이와 같이 놀아주다 나도 모르는 사이 아이 돌봄이 고단했는지 잠이 들었다. 태현이는 혼자 놀다가 심심했는지 내가 잠든 사이 가방에서 립스틱을 꺼내 내 얼굴에 몽땅 문질러 나를 도깨비 할머니로 만들어 놓았다. 손자 놈이 신이 나서 내 얼굴에 화장하던 그때다. 초인종 소리가 나기에 얼떨결에 뛰어나가 '누구세요?' 했더니 우체국 집배원이라 한다. 현관으로 나가 등기엽서에 사인하고 우편물을 건네받고는 더운데 고생하는 아저씨에게 잠깐 기다리라고 했다. 바쁜 걸음으로 후다닥

뛰어가 냉장고에서 시원한 음료수를 한 병 건네주었다. 우체국 집배원 아저씨는 "고맙습니다. 안녕히 계세요." 하며 '허허허' 웃고 뛰어가는 것이다.

왜 그리 웃을까, 무슨 좋은 일이 있나 하고 들어와서 태현이에게 다가갔다. 혼자 잘 노는 태현이가 기특했다. 아이의 간식을 챙겨야 할 것 같아 '태현아 우리는 우유를 마시자' 하며 우유를 가지고 소파에 앉으니 할머니 "예뻐, 예뻐" 얼굴을 만지며, 뽀뽀를 하는데 아이 얼굴에 빨간 자국이 나 있는 것이다. '아, 뭔 일이 벌어졌구나,' 깜짝 놀라 하고 뛰어가 거울을 보니 내 얼굴을 립스틱으로 떡칠을 해 놓은 것이었다. 하도 우습기도 하고, 어이도 없고 우체국 집배원이 왜 웃었는지 이유를 알고 나니 나도 '허허' 웃음이 나왔다. 눈에 넣어도 아프지 않을 손자의 행동이 귀여워 가족들에게 손자의 행동을 알리고 같이 웃고 싶어 외출한 남편과 아범, 어미에게 보여 주려고 기다렸다. 하지만 그날따라 모두 늦어 어쩔 수 없이 비누 세안으로 깨끗이 씻었다.

그렇게 태현이를 돌보는 일이 고단하기도 하지만 그 고단함을 느끼기 전에 아이의 웃음에 하루하루가 즐겁고 행복한 날이었다. 때로는 잠시 한눈팔고 나면 컴퓨터에 써놓은 글을 아무거나 눌러 삭제를 해버리기도 한다. 아래층 아주머니가 팥죽을 쒀 가지고 오신 날도 여지없이 내가 써놓은 글은 이미 허공으로 훨훨 날아가 버렸다. 나이가 들어 기억력도 희미해 그대로 다시 쓴다는 것은 참 쉬운 일이 아니다. 나도 모르게 화가 나서 종아리를 때리는 척하면서 '어이구, 내 팔자야' 하였더니, 태현이도 '내 팔자야. 내 팔자야' 하며 뛰어다니는 것이다.

또한, 하도 방문을 열고 나갔다가 들어왔다 하여 그만 닫기도 열기도 귀찮아서 빗자루나 효자손으로 문을 밀어 닫는 것을 녀석도 보고는 문을 열어놓고 빗자루, 효자손으로 밀고 닫고 하는 것을 비롯하여 설거지하다 물이 바닥에 떨어지면 걸레를 손으로 집어 드는 것이 귀찮아 발로 끌어다 미는 것을 보더니 옷이나 수건을 발로 밀고 다니는 것이다. 내가 하는 것을 보고는 꼭 그대로 따라서 하는 것이다. 좋은 건지 나쁜 건지 알 수 없는 아이는 모든 내가 하는 행동을 그대로 따라 했다. 하다못해 지나가는 사람들이 좌우로 발자국을 옮겨 걸으면 그 뒷모습을 보고 그대로 따라서 '기우뚱거리며 오리궁뎅이 모양을 하며 흉내를 내기도 한다.

사람들이 예쁘고 귀엽다고 한마디씩 던지고 가는 길에 근심 걱정이 있던 행인도 태현이 행동을 저만치서 지켜보며 다가와서는 얼굴을 환하게 밝히고 함박꽃 얼굴로 웃고 가기도 한다. 아이는 천사다. 천사 같은 아이가 밝고 건강하게 자라기를 바라는 마음은 어느 부모나 같은 마음이다. 어른과 솔방울같이 귀여운 손자가 어우러진 모습을 본 나는 세상에서 가장 기쁘면서도 아이 앞에서는 모든 행동을 조심해야겠다는 마음이 들어 자식을 키울 때 보다 더 주의해 조심하게 된다. 무엇이든 스펀지처럼 물을 빨아들이듯 모든 행동을 그대로 따라 하는 태현이를 보면 생각이 많아진다. 작은 일부터 조심스럽게 행동해야겠다는 생각이 든다. 어른은 아이들의 표본이다. 그러려면 어른인 나부터 아이에게 미치는 영향을 생각해 봐야 한다. 그러기에 아이들에게는 보이는 어른의 역할은 신중하고 또 신중해야 한다는 생각을 해보는 날이다.

그리운 어머니

'여자는 약하지만, 어머니는 강하다.'라는 말이 있다. 남자보다 신체적으로 선의 굵기와 근육량이 적은 여자는 결혼 전까지 보호받고 보호해야 할 여리고 약한 존재로 인식한다. 그러나 약한 것을 강하게 만드는 것은 모성의 정신에서 나오는 사랑이라고 생각한다. 자식을 낳으면 본능적으로 무조건 사랑을 베푸는 게 '엄마'라는 위대한 존재로 역할을 준다. 하늘보다 높고 바다보다 깊은 '모성애'는 운명적으로 일어나기 때문이다. 여자는 결혼하면 출산을

통해 아이를 낳는다. 출산은 절대 남자가 할 수 없는 여성만의 역할이고 가부장적 시절인 예전에는 낳고 기르는 일까지 여성의 몫이었다.

예전에는 '보릿고개'라는 시절이 있었다. 흉년이 들어 더욱 빈곤해지면 먹고살기가 어려워진다. 그럴 때 나무껍질이나 풀뿌리로 연명을 하는데 그때를 '보릿고개'라고 한다. 그때는 주린 배를 잡고 사는 춘곤민이 왜 그리 많았는지, 우리 집은 그 정도는 아니어도 어머니는 음력 4월 보리가 익기 직전이면 들에 나가 쑥을 뜯고 바다에 나가 파래를 뜯어와 쌀알이 조금 들어가는 쑥죽이나 파래죽을 쑤어 그 죽은 당신이 잡숫고 내게는 쌀밥을 따로 해서 놋그릇에 담아 밥이 식을세라 이불로 깔고 덮어 자식에 넣어 주셨다.

또한, 그 바쁜 시절에도 보리방아 찧어 말리고 길쌈을 하시며 논밭에 나가 농사일을 하시면서도 명주를 곱게 물들인 다음, 밤잠을 물리친 채로 다듬이질을 반듯하게 해서 연분홍 치마 옥색 저고리 남 끝동을 달아 입히고 앞뒤로 돌려가며 흐뭇하게 쳐다보셨다. 마치 어머니의 쾌락은 자식을 위해 무언가를 해주는 것이 전부인 것처럼 사셨다. 학교 갔다 돌아오는 길에 날씨가 궂어 눈이나 비에 버선이나 옷이 젖으면 그 차가운 것을 앞 가슴속에 넣어 체

온으로 말리고 젖은 신발은 다음날 신고 갈 수 있도록 고단한 눈을 비비며 화롯가에서 밤새 말려 신겨주셨다.

횟배가 있어 아프다고 뒹굴면 의사를 찾아 이 십리 길을 힘든 줄도 모르고 자식을 위한 일이라면 한달음에 뛰어가 약을 사다 먹였다. 그때는 똥을 거름 삼아 채소를 키우는 데다 위생 관념이 약했던 터라 회충 알이 사람 몸으로 쉽게 들어올 수 있는 시절이었다. 그 시절 횟배 앓이를 한다는 것은 흔한 일이지만 그저 자식이 아프면 노심초사 마음을 졸이던 어머니였다. 자식에게 베풀기만 했던 부모 밑에서 자란 나는 철이 없었다. 부모님이 얼마나 힘든지도 모르고 꽃신을 사 달라, 웃통 치마를 해 달라, 비로도(벨벳) 치마를 해달라고 졸라대면 두말없이 해주시고 오직 자식 입에만 넣고 자식 의복에만 신경을 쓰셨다. 지금 생각해보면 어린 나는 해달라고만 졸라봤지 어머니를 위해 뭐 하나 해드리지도 못했다. 불면 날아가랴, 꼭 쥐면 깨어지랴! 물가에 내놓는 심정으로 아끼며 사랑을 다 주셨던 어머니였다.

명이 짧다는 동네 무속인의 말에 주저함도 없이 돼지나 닭을 배에 태워 바닷물에 띄우며 용왕께 간절히 공을 들

였다. 여러 가지 풍성한 음식을 장만해 호롱불을 밝히며 깊은 산중에 들어가 산신령께 우리 아이들 오래오래 살게 해달라며 절을 하며 두 손을 모으고 빌고 또 빌었다. 또한, 다달이 얼마나 키가 자랐는지 문지방에 세워두고 연필이나 숯으로 뒤통수를 벽에 대고 선을 그으며 잘 크고 있다고 그리 좋아라! 기뻐하셨다

11남매 자식을 낳아 8남매를 땅속에 아니, 그 깊은 가슴에 묻고 당신 탓으로 자식을 잃은 죄 많은 인생이라 한탄과 시름에 얽매여 사셨다. 남의 눈을 살피는 두려움을 안고 사시던 어머니는 남은 3남매는 돌 석(石) 자를 붙여 돌과 같이 강건하게 오래 살아가라는 의미로 이름을 지어주셨다. 듣기에는 거칠고 미운 이름이지만 투박하면서도 아름다운 마음으로 살아가라는 뜻이 담긴 이름을 지어주신 어머님은 따사롭고 자애로운 마음 그 자체였다. 여덟 남매를 지키지 못했다는 죄책감에 자식에 대한 눈물과 근심이 그칠 날이 없었다. 그렇게 어머니는 한 맺힌 일생을 희생과 자애로 시종일관하셨다.

어머니란 그 존재는 내게 최고의 학교이자, 스승이며, 무보수의 교육자다. 언제나 맑고 밝은 동심을 잊지 말고

살라고 가르치셨다. 출생의 뿌리는 영원의 시작인 것이다. 그래서 나는 언제 어디서라도 어머니 체취가 묻어 있는 듯, 늘 옆에 있는 듯 어머니 말씀을 새기며 살아왔다. 어머니는 3남매에 대한 앞날을 걱정하시며 항상 말씀하기를 건강의 재산과 마음의 재산을 잘 지키며 착하게 살아가라는 당부를 늘 잊지 않으셨다. 대부분 사람은 창고에 재물은 잘 지키면서 가장 소중한 마음의 재물은 지키지 못한다며, 남을 위해 베푸는 마음과 욕심을 버리면 남을 해치는 마음도 담아지지도 않을 테니 인간답게 살아가라며 우리 집의 가훈처럼 자주 타이르셨다.

그런 어머니에게 효도도 한 번 못 했다. 5월만 되면 남들이 손에 들고 다니는 카네이션도 사보지 못하고 가슴에 한 번 달아 드릴 기회도 없이 어머니는 다시는 돌아오지 못하는 먼 길을 떠나셨다. 못난 자식에게 '사랑합니다. 어머니!' 소리 제대로 들어보지 못하고 떠난 당신만 생각하면 마음이 저린다. 꽃은 피면 열매가 되고 그 열매가 떨어져 다시 씨앗이 되듯 곱고 고운 사람도 늙으면 자리를 후손에게 내주고 할머니가 되어, 왔던 길로 다시 돌아가는 '회자정리 거자필반'이 인지상정이다. 어떤 인연이라도 만나는 사람은 반드시 헤어진다는 말이 생각나는 날이다.

어머니와 내가 부모 자식의 인연으로 만난 것을 감사하게 생각하고 다음 생이 있으면 어머니가 제 자식으로 태어나 내게 베풀어준 그 많은 은혜 다 갚고 싶다는 생각해 본다. 어머니 품 안에서 어리광을 부리며 사랑을 받을 때가 엊그제 같은데 무심한 세월 속에 나도 이렇게 나이든 할머니가 되어서야 철이 든다.

어머니! 고이고이 길러주신 이 딸은 사랑하는 남편과 다섯 남매를 낳고 잘살고 있습니다. 그간의 희생은 다 잊으시고 편히 잠드시기를 간절히 바랍니다.

가장 기쁠 때 가장 슬플 때 많이 불러본 어머니!
천만번 불러도 싫증이 나지 않는 어머니!
그런 어머니가 오늘따라 저는 더욱 그립습니다.

잊지 못하네

산 좋고 물 좋은 스무 개의 마을이 있는 섬, 봄이 되면 복사꽃, 살구꽃, 진달래꽃, 개나리꽃이 울타리를 이루며 앞바다에는 창파가 춤추고, 산에는 허리 굽은 산 등줄기, 들에는 하늘과 맞닿는 지평선 위로 갈매기가 화음을 이루는 푸른 바다 암태섬, 탯줄이 꿈틀거리는 내 고향 그곳. 따스한 봄과 여름이 되면 평화롭게 갈매기가 날아다니던 날들은 단 한 번도 잊을 수가 없다. 다만 세월이라는 책자 속 갈피에 곱게 접어둔 아름다운 선율 같은 로맨스의 행복이다.

지난날의 기억들을 더듬어 하나씩 먼지를 털고 꺼내 보니 수채화 같은 풍경이 떠오른다. 새파란 하늘 밑에 곱게 펼쳐진 형형 색상의 꽃과 길가 좌우로 들판을 가로질러 이어진 아름다운 마을, 친구들과 햇살을 벗 삼아 바람에 실어 보내는 청춘의 꿈을 소리 지르면 메아리 되어 돌아오는 봄의 노래들, 소 떼를 몰며 우리의 동심을 즐겁게 해주던 송씨 아저씨의 곰방대에서 피어오르던 담배 연기의 아련한 추억이 떠오른다.

봄과 여름이면 노랗고 붉게 물든 꽃과 나무가 푸르고 싱그러웠다. 그렇게 초롱초롱 빛나던 내 추억의 친구들도 나란히 앉혀본다. 진달래, 개나리, 장미꽃을 한 아름씩 따서 안겨주던 삼초도, 학순이도 세월의 저편에 어딘가에 아름다운 추억으로 소환하여 기억을 꺼내 본다.

친구들아! 우리가 함께했던 아름다운 섬을 떠나 어느새 세월이라는 동행과 계절 따라 흘러 흘러서 여기까지 왔다. 이제는 어른이 되어 어린 시절의 순수하던 동심은 까맣게 잊어버리고 답답한 현실의 벽에 갇혀 지나간 초록의 풍경을 그리워할 뿐이다. 우리가 헤어져 산과 들에 묻어버린 동심은 내 안의 세상에 남겨진 아득한 자화상으로 남긴다.

그 아련한 시간 속에 곱게 남겨진 내 지난날의 추억을 대신해서 서울의 동화를 만들어 가지게 되었다. 망각(妄却)의 세월 속에서 나를 건져 올려 육체적 정신적 문제로 좌절과 포기와 체념의 먼지를 말끔히 떨쳐버리고 새로운 다짐과 포부를 가지고 지난날을 아쉬워 후회하기보다 다가오는 내일과 미래를 위해 힘차게 달려가자. 제2의 고향을 만들어 보자. 친구들아! 그립고 보고 싶다. 내 고향 암태와 친구야!

세월의 무게

얼었던 흙 사이를 비집고 돋아난 파란 꽃잎들을 보면 봄이 옴을 느낀다. 앞동산 뒷동산엔 온통 진달래, 개나리 빛이다. 봄꽃 축제가 지나갔지만, 아직도 남아 있는 꽃이 피려고, 머무는 담장마다 장미꽃 붉음은 언제나 설레고 벅찬 가슴으로 내 곁에 다가오곤 했다.

세월이 가면 감정(感情)도 무뎌질 것이라고 했으나 팔십 년이 가까운 세월이 되는 지금도 내 감정에는 조금도 변함이 없음을 느낀다. 비 온 뒤에 촉촉이 젖어 생동감이 넘치는 새싹들을 보면서 어린 소녀처럼 동화 속 주인 같은 기분이 되어 보기도 한다.

개나리, 진달래 아름다운 빛이 바래고 밤새 세차게 내린 얄궂은 봄비에 방긋 웃는 함박웃음을 짓던 목련도 꽃잎을 떨 군다. 이내 그즈음에는 내 마음에도 허전함이 찾아오는데 그윽하게 풍기는 아카시아 향기는 내 첫사랑의 향기처럼 그리움으로 다시 밀려들어 온다. 그렇게 나는 발그레한 얼굴로 매년 계절의 변화를 맞이한다.

그러나 더위에 지칠 즘이면 들판은 어느덧 황금물결로 갈아입고 먼 산에는 붉은 잎들이 가을비에 젖어 뚝뚝 떨어지고, 아침저녁으로 스산함을 느낄 때면 가슴을 틀어쥐는 마음에 찬바람이 들며 날며 시린 가슴에 옷깃을 여미는 일은 어쩔 수가 없다. 마음만은 청춘이라는 말이 있듯이….

텅 빈 마음을 채울 수 없는 공허함이 목까지 차오르면 탐스럽게 익어가는 오곡이 내 허전한 마음을 조금이나마 채워준다. 노랗게 물든 단풍잎을 보면서 소녀 시절을 생각하고 곱게 물든 단풍잎 하나둘 주워 책갈피에 꽂아 보며 추억의 마우스를 옮기니 지난 일들이 아름답고 한없이 그리운 파노라마로 정리된다.

땅 위에 떨어진 낙엽을 보며 과거와 현재를 넘나든다. 친구들과 뛰놀며 청명한 하늘을 올려다보고 깔깔대던 상상은 낙엽이 건널목을 지나 4차선으로 날아가고, 일방통행으로 날아가는 모습을 보고는 마치 내 친구들과 흩어져버린 모습과 닮았구나, 생각하고 만다. 곱고 예쁜 친구들은 어느 하늘 아래서 어떻게 살아가고 있을까, 아름다움을 느끼는 나이는 봄이나 가을처럼 여리고 순수하기만 한데, 순간순간 비집고 들어오는 빈 둥지 외로움은 나이와 평행선을 가고 있다. 매서운 겨울바람처럼 시리다. 꽃이 진 자리마다 황망해지는 것도, 안으로 고여 드는 눈물도, 외로움에 떠밀려 강물에 흐르고 살갗을 에는 바람이 뼛속까지 깊이 파고들 때는 세월이 야속하기만 하다.

아무리 아름다운 감수성은 마음에서 자라난다고 하지만 속절없이 나이 들어간다는 것이 느껴지면 여지없이 맞이하는 세월의 무게를 절실하게 느끼게 된다. 하지만 마음에서 느끼는 젊은 감성과 정면으로 맞는 세월을 더해 그 무게가 결코 헛된 무게만이 아닌 진정한 삶의 무게가 되고 감사하고 고마운 마음으로 하루하루가 소중하다고 생각하며 살자고 다짐해본다. 오늘도 나는 내게 온 계절에 마음은 또 설렌다.

임진각을 다녀오고

백두산 정기 어린 반도 삼천리 이 강산에 역사는 1950년을 시작으로 철조망이 증인이다. 마음도 녹슬게 한 한국전쟁은 천년을 넘는 한민족, 한나라로 살아왔던 우리나라를 치밀한 계획으로 무력을 통해 동족상잔으로 피비린내를 뿜으며 수많은 인명을 학살시켰다. 전쟁할 준비도 되어있지 않던 남한은 3일 만에 북한에 서울을 점령당하고 서울 한강의 교량은 폭파되었다. 수많은 사람이 대피해야 하는 상황에 놓인 우리는 손발이 밧줄에 꽁꽁 묶인 채로 누구도 관여할 수도 없었던 뼈가 부서지는 아픔을

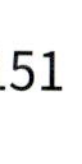

겪어야만 했다.

형제가 형제를 죽이고 이웃사촌이 의지와 상관없이 맹수로 변해야 했으며, 옷장 속이나 볏 짚단 속에 숨어 있는 형제, 자매, 이웃을 창으로 찌르고 톱을 사용해 죽이는 일까지, 너무나 소스라쳐 보고 듣기도 겁에 질려 쓰러진 사람도 있었던, 정말 짐승만도 못한 살육이 있는 전쟁이었다. 사람들이 죽거나 다치는 큰 상처를 남긴 전쟁이었다. 골목이나 언덕, 시냇가, 논밭에 뒹굴던 억울한 죽음들은 웅덩이를 깊게 파서 50명씩 줄을 세워 매장했다. 한반도는 그야말로 아비규환 생지옥이나 다름이 없었다. '세계 유일의 분단국가'라는 슬픈 역사를 안고 있는 우리의 아픈 단면을 들추어 꺼내는 우를 범하고 상처를 끄집어내는 것은 아닌지 걱정이 되기도 하지만 글을 쓰면서 잊지 말아야 할 뼈아픈 역사를 우리 세대가 아닌 우리 자손들에게 다시 한번 상기시키고 싶다는 생각이 들었다.

역사책에서 더 자세하게 공부하고 익히기는 하겠지만 글을 쓰는 나로서는 다음 세대인 가족에게 이 뼈아픈 상처를 절대 잊지 말라는 교훈으로 남기도 싶다. 얼마 전에 휴전선을 다녀올 기회가 있었다. 문산읍 마정리 임진각은

망향의 아픔을 달래기 위해 자리 잡은 곳이다. 2005년에 완전히 개방하여 6·25전쟁 유물 및 온갖 반공 자료가 비치되어 있으며 '철마는 달리고 싶다.'라고 알려진 경의선 철도 자유의 다리는 '철두철미'란 반공의 굳건함을 널리 알리고자 한다는 것이다. 경기도 파주시 군내면 조산리에 제3의 땅굴도 살펴보았다. 땅굴 속의 물줄기가 북으로 흐르는 걸 보면 한스러운 생각이 들었다.

평화롭게 살고 있는 내 동네와 다른 느낌으로 보고 온 임진각은 '지척이 천 리'라는 것을 재생시키는 분위기가 도사리고 있는 듯 보였다. 자유와 평화가 지금에 있을 수 있는 이유는 수많은 호국영령과 순국선열, 애국지사의 고귀한 희생 덕분이다. 다시는 불행한 역사가 되풀이되지 않도록 과거의 뼈아픈 역사를 제대로 알고 잊지 말았으면 하는 바람으로 임진각을 다녀왔다. 역사를 잊거나 잃어버린 민족에게는 미래가 없다. 나에게 내 부모가 있어 가족의 역사가 있다면 우리는 대한민국이 우리의 민족의 산 역사다. 지금이라도 평화로운 인권존중의 필요성을 갖고 북한도 남한도 살면서 서로 가장 잘 사는 길을 찾아가야 한다.

남한에서도 원망도, 앙금도, 한도 아팠던 기나긴 세월도 모두 지워버리고 하나 되는 겨레요, 민족이 되었으면 하는 바람이다. 우리의 겨레는 유구한 역사와 양심과 지성에 입각한 다양한 문화를 가지고 있다는 것을 전 세계인이 놀랄 수 있도록 보여 주고 남북통일이 이제 얼마 남지 않아 두꺼운 장벽이 무너지길 바라는 마음이다. 그래서 전쟁으로 잃은 잃어버린 역사를 기억하고, 가족을 잃은 사람들의 간절한 소망을 이루게 했으면 하는 마음이다. 내 살아생전에 이루어졌으면 하는 마음 역시 간절하다.

웨딩드레스는
한 폭의 그림이나 다름이 없었다

나는 사람의 의복은 살면서 세 번이 가장 소중하다고 생각한다. 세상에 태어나서 처음으로 입는 배냇저고리, 그리고 결혼식 할 때 신부가 입는 웨딩드레스와 염습할 때 죽은 사람에게 입히는 옷인 수의라고 생각한다. 그 세 가지가 가장 중요한 옷인 것 같다. 남자는 태어나 성장해서 군대 갈 때, 기원을 한 번, 바다에 뱃일하러 갈 때 기원을 두 번, 결혼할 때 기원을 세 번을 한다는 것이다. 그만큼 결혼이란 평생의 행복과 불행을 결정하는 일이기 때문에 중요한 만큼 기대하고 바라는 마음이 큰 것이다.

결혼은 신랑 신부가 많은 하객 앞에서 축복을 받으며 "행복하게 잘 살겠습니다."라며 서약을 하고 부모님의 슬하를 떠나 가정을 이루고 사회인이 되는 날이다. 그날만큼은 수많은 사람 앞에서 가장 예쁘고 아름다워 보이고 싶어 하는 것이 신부의 마음이다. 그러한 신부의 마음을 충족시켜 주는 것이 웨딩드레스다. 드레스는 화려하고 예뻐야 한다. 신부의 아름다움을 뒷받침해줄 수 있어 그날만큼은 세상에서 가장 빛나는 옷이 되어야 한다. 화장 역시 화사하고 아름다워야 하며 부케의 꽃은 싱싱하고 싱그러워야 한다.

드레스 옷을 만들 때 화려함을 배가 되게 만들어 주는 액세서리를 붙이는 일은 수작업이기 때문에 한 사람이 하려면 일주일 정도 걸린다. 본인의 취향에 맞춰 드레스는 액세서리와 기계 자수를 붙여서 신부의 행복을 기원하며 마음과 손으로 온 정성을 다해 만드는 것이다. 그러기에 드레스 한 벌에 몇백만 원씩 받는 예식장이나 사업장이 많다. 그러나 나는 그렇게 받아 본 적이 없다.

아름다운 옷에 매료되어 드레스를 만들기는 하였으나 많은 수익을 올리기보다는 나의 재능을 기부해 보자는 마음으로 웨딩드레스는 몇십만 원인 가격 정도 받는 것에 불과했다. 생활고로 어려워서 40~50세가 되어도 결혼식을 못 해 어려운 분들은 구청이나 시청 같은 곳에 의뢰하면 '합동결혼식'을 올릴 수 있도록 도와준다. 기관에서는 모든 것을 준비해 결혼식을 올릴 수 있게 도와주지만, 드레스만큼은 본인들이 알아서 준비해야 했다.

경제적 부담 때문에 식을 올리지 못한 신혼부부들이 신촌 일대의 모든 드레스 사업장을 돌고 돌아 우리 사업장까지 오게 되었다. 10~20명씩 합동결혼식을 하게 되는 그분들에게 나는 드레스를 무료로 대여해 드렸다. 그리고 나면 내 두 손을 꼭 잡고 뜨거운 눈물을 흘리며 고맙다고 인사를 수도 없이 하며 그동안 드레스값이 없어서 식을 못 올렸다며 기뻐하는 모습이 아직도 눈에 선하다. 덩달아 남편은 행복하게 잘 살아주길 바라는 마음으로 주례를 무료로 서주기도 하고 나는 신랑, 신부를 아름답게 꾸미기를 사명으로 삼고 천직으로 여기며 드레스 만드는 일을 해 왔었다.

신부 화장은 조선호텔 미용실이나 명동 조희미용, 예지미용실로 소개를 했다. 개인적으로는 찾아가면 60만 원

여를 들여야 하는 신부 화장 및 머리를 내 소개를 받으면 20만 원으로 피부마사지 3일을 포함해서 신부 화장과 면사포까지 아름답게 씌어준다. 부케는 가장 예쁜 양란으로 시중 가격 평균 15만 원이면 반값인 7만 원 정도로 소개를 한다. 어려운 사람들이 돈이 없어 결혼하지 못하는 일이 없도록 노력을 했다. 야외 촬영 역시 80만 원이면 그 반값인 40만 원에 소개했다. 그런 노력과 봉사는 나의 신념으로 저렴하게 제공하게 했고 신랑 신부에게는 가장 아

름다운 한 폭의 그림을 만들어 주는 일이 되었다.

가장 화려하고 아름다운 신부와 양복을 멋있게 입은 신랑이 비원을 비롯해 남산이나 롯데월드, 대공원 같은 곳으로 야외 촬영을 나가면 외국 사람들은 '어머, 예뻐요!' 하며 카메라를 대고 신랑 신부의 아름다운 자태를 사진에 담았다. 토요일, 일요일 같은 날은 일하는 도우미들이 부족해 내가 직접 나간 적도 있다. 호텔이나 절, 교회, 성당, 구민회관, 공원, 지방까지 안 가본데 없이 많이 다니다 보면 여러 가지 일들을 경험하게 된다.

어느 신부는 온양 농협회관에서 예식이 오후 1시로 예약이 되어있었다. 우리 일행은 신부가 서울 명동에서 화장하고 드레스를 입고 자가용으로 이동하면 평소 같으면 2시간이면 충분한 거리라 생각하고 시간 조절을 했으나, 그날따라 유난히 차가 밀려 4시간이나 걸려 도착을 했다. 그때는 휴대전화도 없던 시절이다. 나는 차에서 늦어진 결혼식이 걱정되어 안절부절못하면서 마음만 조급해졌다. 그런데 그 신부는 신랑을 시켜 휴게소에 도착할 때마다 빵이며 우유니 김밥들을 사다가 원장님을 드리세요. 하는 것이다. 나는 조바심이 나서 걱정을 한 아름 안고 있는데 신부는 여유로웠다. 내 걱정과는 너무 달리, 그러면서 그녀는 내게 "원장님 걱정하지 마세요. 신랑 신부가 없는 결혼식이 있겠어요? 늦으면 늦은 대로 하면 되지요." 하는 것이다.

우리 일행은 도로에서 시간을 다 보내고 4시에 도착을 했다. 농협에서는 큰 도로까지 나와 줄을 서서 기다리며 무슨 사고가 난 게 아닌가 싶어 걱정이 이만저만이 아니었다고 한다. 예식 시간에 맞춰 1시에 모였던 하객들은 집으로 돌아갔다가 다시 되돌아왔다는 것이다. 그렇게 걱정이 많았던 것만큼 환호와 축복을 받으며 결혼식을 무사히 마치게 되어 안도의 숨을 내쉬었다. 나는 무사히 결혼식만 마쳤다는 다행스러운 마음으로 드레스며 미용, 턱시도, 부케값을 포기하고 이미 계산은 접어놓았는데 생각지도 않게 신랑 신부는 모든 비용을 지불하는 것이다. 거기다가 10만 원 팁까지 얹어 주면서 “원장님 저 때문에 오늘 스트레스 많이 받으셨지요? 늘 건강하시고 예쁜 드레스 많이 만들어 여러 신부를 저처럼 예쁘게 꾸며 주세요.” 하는 것이다. 예식을 못 하면 어쩌나 하는 걱정에 노심초사했던 마음에 한시름 놓고 있던 차에 신부의 고맙다는 말 한마디에 감격의 눈물이 나올 것 같았다. 마음이 하도 예뻐서 분명 행복한 가정을 잘 꾸려 가리라고 믿어 의심치 않는다.

그런 신혼부부를 봤는가 하면 어떤 신랑은 결혼식이 2시인데 3시에 도착이 되어 결혼식을 하니 안 하니 실랑이를 하다 마지못해 결혼식을 올리는 신랑 신부가 있었고, 어떤 신부 어머니는 신부도 없이 사업장에 와서 무조건 드레스 가봉도 하지 않고 가장 작은 드레스만 가지고 여주 농협으로 며칠 몇 시까지 와 달라고 하며 가격을 다 지불하고 갔다. 그 날짜가 되어서 드레스를 가지고 갔더니 신랑 신부 모두 지체장애인이었다. 신랑 신부가 입장하자

부모며 친척이 울어서 눈물바다가 되었다. 따라서 모든 하객도 눈시울이 다 젖었다. 나 역시 가슴이 아팠으나 그 또한 아름다운 한 쌍의 신랑 신부였다. 잘살기를 기원하며 돌아왔다.

웨딩 사업을 하면서 여러 가지 가슴 아팠던 일들은 헤아릴 수가 없다. 이 사업을 하면서 다양한 직업을 가진 사람들과 인연을 맺었다. 변호사, 선생님, 은행원, 의사, 간호사 특히 경희대병원 의사, 간호사는 줄곧 나의 단골이 되었다. 가격도 너무 착하고 예쁘게 꾸며 주어 고맙다며 아현동 '새색시 웨딩드레스'로 가자고 한단다. 결혼 후 신혼여행 다녀오면서 화장품을 세트로 사다 주어서 몇 년을 쓰기도 했다.

어떠한 망각의 세월이 와도 잊을 수 없는 어여쁜 신부들은. 어느 하늘 아래서 지금은 어엿한 학부모가 되었을 것이다. 오늘도 내일도 내년에도 아니 한평생을 그대들이 행복하기를 기원하며 나는 죽어 다시 태어나도 이 사업을 또 한 번 멋지게 해보고 싶다. 내가 만든 드레스를 입고 결혼했던 예쁜 신부들이 편안하고 잘살고 있길 바란다.

몇십억짜리 자가용

이 자가용은 남녀노소를 가리지 않는 바로 지하철을 말한다. 처음 나왔을 때 어떤 분이 표를 투입구에 넣으니 들어가서는 다시 나오지 않는 것을 보고는 너무 놀란 나머

지 필사적으로 있는 힘을 다해 꺼내려다 반대편에서 다시 나오는 것을 보고 손뼉을 치며 '아! 신기하다.' 하며 기뻐했다고 한다. 또한, 시골에서 처음 올라온 할머니는 아들이 지하철로 모시고 가는 동안 돈을 얼마나 많이 벌어서 작은 차를 타지 이렇게 큰 차를 타느냐며 기뻐했다는 에피소드도 있다.

이와 같이 지하철을 처음 타보는 사람들의 후일담을 듣기도 하지만, 젊은이들 사이에서는 이런 일들이 있었다. 어떤 아가씨가 구두 굽으로 남성의 발을 밟았는데 그분은 살며시 미소를 띠며 "한 번만 더 밟으면 데이트 신청할게요."라며 난데없는 고백을 하는 바람에 주변 사람을 웃게 하여 인상이 매우 깊었던 일도 있다. 좁은 공간이지만 선남선녀는 무언가 사랑을 꿈꾸게 만드는 공간이며, 노약자 장애인에게 자리를 양보하는 아름다운 마음씨를 가진 사람들도 많이 있는 곳이다. 아름다운 광경과 다양한 이야기들이 지금도 나오는 곳이 지하철인 것 같다.

그외 반대로 좌우로 기대며 코를 골고 옆 사람에게 피해를 주는 일이며, 통화를 한답시고 소리를 질러대서 주위 사람 눈살을 찌푸리게 하기도 하며, 졸다가 아기를 잃

어버렸다고 찾는 한심한 젊은 새댁, 뒷주머니에 든 지갑이 없어졌다고 화를 내고 옆에 사람들을 다 도둑으로 몰아붙이는 사람이 있기도 했다. 정말이지 다양한 드라마를 보는 곳이다.

하루는 여섯 명의 남학생이 한 곳에 모여 서 있었다. 그 옆에는 지하철 의자가 다 차도록 많은 승객이 앉아 있었는데 한 명의 학생이 친구들에게 '내 친구는 엄청 부자래 아 X나, 여자 친구도 부자래 아 X나, 공부도 잘한대. 아 X나, 장학생이 되면 죽여버릴 거야! 아 X나, 우리 부모님은 나만 보면 미워해 아 X나, 죽고 싶어 아 X나'라고 말끝마다 욕을 달았다. 그 말을 듣고 있던 사람들은 혀를 내두르며 머리채를 흔들었다. 표현은 못 했지만, 미간을 찡그리고 앉아 있었다. 남의 자식이지만, 나도 역시 걱정이 되었다. 그런 자식을 기르는 부모님은 알고 있을까, 그 학생의 담임선생님은 어떤 교육을 해야 그런 예쁘지 않은 언행에서 벗어나게 할 수 있을까, 하는 생각을 하며 집으로 오는 날이 되었다.

아침 7시 30~40분쯤에 전철을 타면 한 40대 여인이 일회용 신문을 걷어간다. 그의 남편은 나에게 이렇게 말을 했다. 본인은 행상 장사를 하고, 아내는 전철에서 신문을 걷어 폐지로 파는 일로 고생을 많이 한다고, 그러나 아내는 그런 고생을 하면서도 부모님께 너무 잘한다고, 그렇게 마음이 착한 아내가 고맙다고 한다. 그의 형제는 모두 7형제인데 부모님은 그의 아내가 효심이 지극하다고 하여 있는 재산을 다른 형제에게 나눠주지 않고 자기 처에게만 주겠다고 약속을 했다는 말을 하기도 했다. 그 이야기를 듣고 승객들이 신문을 주섬주섬 모아 건네면 그 젊은 여인은 고맙다는 인사를 몇 번씩 하곤 한다. 노부모 모시고 병든 남편과 고생스러운 생활까지 하면서 그리도 인상이 밝은지, 그 여인에게서 풍기는 인성은 값비싼 향수와 같다. 이렇게 다양한 사람들의 인성을 배우기도 하고 버리기도 하는 곳, 또한 여러 가지 목소리를 듣는 곳이 바로 지하철이다.

안전하고 한꺼번에 많은 사람을 수송할 수 있는 참 좋은 교통수단이다. 하지만 실수로 폭탄도 되고 때로는 뜨거운 용광로가 된다. 우리의 관심과 노력으로 철저한 안전 속에 서로의 미래를 지키며 좋은 운행 수단으로 몇십억짜리 자가용을 모든 승객이 아끼고 사랑하며 잘 사용했으면 하는 바람이다.

율 곡 기 념 관

자운산 고즈넉한 산자락에는
신사임당 묘를 비롯한
가족 13기가 자리 잡고 있다.

추모비 유형문화재 77호로 지정되어
전시관 유품과 디지털 갤러리가
영상으로 시청하는 체험공간이다

조선 시대 대표적인 여류 예술가이자
현모양처 대명사로 알려져 있다

화초(花草,) 매화(梅花,) 난초(蘭草), 산수(山水) 등은
마치 생동하는 사실화였다

자신(自身)의 천부적인 재능과 현명한 어머님 가르침은
훌륭한 남편의 뒷받침이었다

이율곡 아들과 매창의 딸에게
자신의 재주를 계승한 예술가로 키웠다
이 훌륭함이 세계의 역사 소설로 남아
국민의 염원으로 오만 원권 화폐에
당당히 앉아 많은 국민의
좌표가 되어 우러러보고 있다.

금산 보리암

신라 문무왕 때
원효대사께서 창건하여 수도하던 절
바위는 장엄한 기운이 뭉쳐 강건한 모습이며
백오십 계단 좌우에 송죽이 풍경을 이루고

기암절벽과 망망대해를 한눈에 굽어볼 수 있는
선경 성지이며 남방에 위치한 도량으로 널리 알려져 있다

사면이 바다와 많은 섬은 칠백 리 한려수도
무리 지은 바위에 떠 있는 섬들
모두 다 비춰 보석이 장관
한눈에 볼 수 있고 기암괴석이 수를 놓고
경건한 행상의 고인돌 같은 바위는 보기만 해도 아찔하다

남쪽 산골 자락에 위치한 보리암은 옛부터
국내 유명한 기도처이며
이태조(李太祖)가 이곳에서 백일기도하여 보위에 오르셨다

고대로부터 유래가 깊어 고대(古代)의
가라국 김수로왕도 이곳에서 기도하고 대업을 이루었다

수많은 출세오인과 현인달사 여기를 찾아 소원을 이루었다
이분들은 천 리 길 불심으로 달려와 무언의 기도 속에
중생의 기쁨은 불꽃으로 피어났네!

무상

우리의 인생은 누구나 생 하고 멸하는 것 "생로병사" 태어나고 늙고, 병들어 죽게 되나 보다. 태어나서 사는 동안 건강하게 사는 게 남에게, 자식에게 신세 지지 않고 사는 것인데, 친구들 몇 명이 요양병원에 있어서 마음이 아프다. 몇 달 전 동창생이 자기네끼리 하는 친목계 총무가 있는데, 치매가 와서 남편이 대신 장부를 가지고 와 계산을 하고 갔다는 소리를 들었다. 현대의학이 현저하게 달라지고 암도 치료한다는 세상인데 내 의지와 상관없이 살아가

야 하는 '치매'라는 병은 아직 한계가 있는 것 같다

나도 십여 년 전에 한양대학병원에서 치매 진단을 받은 적이 있었다. 나의 진단명을 알고 난 집안은 난리가 났다. 말이 안 된다고 설마 하며 가족들은 걱정과 근심으로 나를 바라봤다. X-레이 촬영을 두 번을 하고 조직검사를 해보니 왼쪽 뇌가 포도송이처럼 다 덮여있었다. 그런데도 나는 다행스럽게 지금은 아무렇지도 않다. 나는 지금도 곧이듣지 않고 아예 그런 말을 꺼내지를 않는다. 이런 병도 생 했다, 멸했다, 하나 보다.

건강하게 살아있다는 것이 얼마나 소중한지, 몇 년 전 같이 어울리던 지인도 꽃과 함께 무상의 폭풍에 져버리고 이름만 남았다. 꽃은 진다 해도 또 오는 봄에 피겠지만, 그러나 가버린 그 사람은 더는 세상에서 만날 수가 없다. 정답게 어울리던 그 사람도 세월과 함께 유희의 구름에 실려 간 후 옛 지나간 모습만 몸에 스쳐간다. 달은 서산에 졌다 해도 또 금추에 뜨게 되지만 가버린 사람은 어느 곳에서 살고 있을까,

세월은 덧없이 마음이 무상하다.

인생은 생 하고 멸하는 것이 당연한 것 같다.

천하를 통일하고 불로장생 하고 싶어 만리장성을 쌓았던 중국의 진시황제도 어쩔 수 없었던 것이다. 권투 역사상 가장 성공하고 유명한 흑인 권투 선수 겸 인권운동가인 '무하마드 알리'의 생명도 끝이었다. 애플을 창시하여 억만장자가 된 스티브 잡스도 마찬가지이다. 철권통치로 영원히 이북(以北)을 통치할 것 같았던 김일성도 그 영화를 영원히 가지지 못하고 모두가 세상을 떠났다.

이 세상에 영원한 것은 없다.
모두가 생 했다 멸했다.
무상하는 것이다.

내 마음을 주는 희생정신

나는 요즘 희생(犧牲)정신이란 무엇인가 곰곰이 생각해 본다. 봉사(奉仕)의 의미와 함께 다가온 희생을 톨스토이는 이렇게 말했다. '다른 사람을 위하여 희생하는 것이야말로 진정한 사랑'이라고 했다. 다른 사람과 살아있는 모든 것을 위하여 나를 버리는 사랑이야말로 진정한 사랑이다. 이런 사랑 속에서 우리는 복된 삶과 더불어 세상에 생을 받은 보답을 하려면 머릿돌이 되어야 한다는 것이다.

그렇다, 우리 사회는 각박한 사회가 된 지 오래되었다.

내가 왜 상대방 때문에 희생해야 하는가, 라는 극단적인 이기심에 빠져 있는 모습을 너무나 많이 볼 수 있다. 자기 외에는 인정하지 않는 이기적인 삶이란 속성은, 결국 남을 인정하지 않고 자기만을 위해서 주위가 모두 존재하는 것처럼 착각하며 사는 사람이 너무나 많은 것 같다. 각자가 나부터 사랑과 믿음으로 최선을 다하여 인간다운 삶을 살아가려고 노력하는 자세가 중요할 것 같다.

때로는 나 혼자만이 고통을 겪는 것 같고 나에게만 슬픔이 있는 것 같이 느낄 때가 있다. 그러나 사실은 우리가 모두 기나긴 인생길을 걷다 보면 크고 작은 슬픔과 아픔을 경험하고 있다. 그런데 어떤 사람은 괴로움에 눌려 좌절하는 사람이 있는가 하면 어떤 사람은 슬기롭게 잘 극복하여 성숙한 인격체로 성장해 가기도 한다. 더 나아가서는 자신의 슬픔과 아픔을 뒤로하고 남을 위해 희생정신으로 고귀한 삶을 살아가기도 한다.

지금은 물질 만능 시대라지만, 삼시 세끼를 못 먹는 불우이웃도 있다. '십시일반'이라는 소리를 우리는 너무나 잘 안다. 얼마 전에 나의 친구 열 명과 각각 이만 원씩 거둬, 라면, 음료수, 세제, 과일 필수품을 사서 봉천동 양로

원에 찾아갔다. 청소와 세탁을 하고 할머니들 목욕을 시켜 드리고 돌아오려고 하는데 언제쯤 또 찾아오겠느냐며 고맙다고 눈물을 흘린 것을 보고는, 단돈 이만 원이 별거 아닌 데 이리 마음이 뿌듯할 수가 없다. 이만 원을 가치 없이 썼다면 잊히겠지만…. 양로원에 방문했던 것이 평생을 잊을 수가 없다. 수족을 못 써 대소변을 받아주어야 하는 분이 하는 말이 인생이 왜 이리 기냐고 흐느꼈다.

인생은 행복한 사람에게는 너무 짧고 불행한 사람에게는 지나치게 길다는 것이다. 인생은 어떤 사람에게는 올라가는 사다리고, 어떤 사람에게는 내려가는 사다리다. 초년의 고생은 사서 하더라도 나이 들어 후사가 좋아야 한다는데, 이 노인들을 보면서 참으로 안타까웠다. 이 세상에 태어난 생명은 모두가 평등했으면 좋겠다. 앞으로 이런 기회를 더 만들어 또 찾아보고 싶다.

음치 반 탈출

요즘 같은 세상에 노래를 못하는 사람은 나 말고는 없으리라는 생각이 든다. 나는 어릴 때부터 노래에 소질이 없어서 망신을 수없이 겪은 적이 있다. 그래서 부러운 게 하나 있다면 노래를 좀 잘하면 좋겠다는 생각이다. 가슴에서 나오는 노래는 삶의 비명(悲鳴)을 토해내고 자기 마음속을 깨끗이 씻어주는 청량제가 아닐까 생각이 든다. 또한, 듣는 사람의 감성도 자극하여 마음에 위안도 주니 말이다.

나는 초등학교 다닐 때도 음악 시간이 되면 아프다는 핑계로 양호실에 가서 누워 있다가 음악 시간이 끝나면 교실로 들어갔다. 또 합창은 했지만, 독창(獨唱)은 해본 적이 없었다. 처녀 때에도 마찬가지다. 그런데 음치인 그런 내가 피하지 못하는 상황이 오고 말았다. 바로 결혼식이었다. 지금은 문화가 많이 변해 시골에서도 보기 힘든 일이지만 우리 시대만 해도 결혼식 날 밤에 신랑 신부를 골탕 먹인다며 수십 명이 모여서 노래를 부르라고 독촉을 했다. 못한다고 버티면 신랑을 거꾸로 달아매고 방망이로 발바닥을 내리쳤다. 버티면 버틸수록 신랑은 그 매를 더 맞아야 한다. 마지못해 노래를 불렀다.

처음에는 손뼉을 치더니 중간에는 노래를 듣던 관객도 손뼉 치는 장단을 그만두어 버린다. 음정과 박자가 따로 놀기 때문이다. 콩나물 대가리와 상관없이 음치, 박치는 들쑥날쑥 그나마 노래를 부르고 나니 신랑을 풀어주는 것이다. 친척과 하객들이 하는 말이 목청이 좋아서 잘할 줄 알았는데 전혀 아니었다고 하는 그 소리를 듣는 순간 얼마나 창피했는지 모른다. 앞으로는 어떤 일이 있어도 노래만은 안 하리라고 맹세를 했다.

그 후 새마을 촉진회 부녀회장이 되었을 때도 마을 운영에 대한 회의를 마치고 오락시간을 갖기로 결정이 되었다. 걱정 끝에 화장실에 간다고 집으로 도망갔다가 다 끝날 무렵에 들어가 배가 아파서 늦었다고 핑계를 댔다. 그 다음 회의 날에는 제삿날이라 빨리 가야 한다고 핑계를 대니 그 댁 제사는 9월에도 하고 2월에도 있냐며 친정 제사를 가져왔느냐며 퉁을 주기에 그나마 핑계를 댄 것이

들통이 나버렸다. 그때가 되어서야 다들 내 노래 듣는 것은 포기하고 자기네들끼리 꽹과리, 북, 장구를 치며 마을이 떠나갈 정도로 춤이나 노래로 끼 풀이를 하고 몸을 풀었다.

그 후에도 모임에 나갈 때면 벌금을 내야 하기에 드레스샵에 노래방 기구를 설치하고 손님이 없을 때면 노래연습을 해봤다. 그러나 아무리 연습을 해도 실력은 늘 그대로였다. 오기가 발동한 나는 결국 나는 노래 강사까지 찾았다. 수업료를 내고 수개월 정도 배우니 겨우 두세 곡 정도는 정신을 바짝 차려 박자를 맞췄고, 아차! 하고 박자를 놓치면 망신살이 되곤 했다. 지금도 여전히 노래는 못 하지만 사람들과 어울리며 음식을 만들어 나눠 먹고 베푸는 일은 1등으로 잘한다고 가족들과 친구들은 100점이라고 했다. 잘하는 것이 있으면 못 하는 것도 있지 모든 게 완벽하면 잘난 맛에 겸손하지 못할 거라고 한다. 맞는 말이다. 신은 모든 사람에게 공정하게 재주를 준다고 했다. 노래 좀 못하면 어떠랴! 어울려 여흥도 잘 즐기고 즐거운 것을….

원진녹색병원

몇 달 전부터 몸이 안 좋아지기 시작해서 병원 진료를 받아볼까 하는 중, 장스여성병원에서 재진을 받으라는 문자가 왔다. 그동안 코로나 때문에 사람이 많은 곳은 피했는데 할 수 없이 병원에 가서 검진을 받아야 했다. 이전 결과는 7일 후에나 우편으로 배달이 되었는데 이번에는 3일 만에 병원에서 급하게 오라는 연락을 받고 걱정을 안고 지체하지 않고 병원으로 갔다. 초음파 결과 간 수치가 780이나 된다고 당장 대학병원에 입원하여 재검사와 치료를 받아 간 수치를 내려야 한다는 의사의 소견이 나왔다.

동네에 자주 다니던 연세내과에서 소견서를 써주곤 지체하지 말고 대학병원에 입원하여 간 수치를 내려야 한다는 것이다. 일반적으로 30~40이 정상적인 간 수치란다. 그 소리를 듣는 순간 급한 마음에 A 병원에 전화를 걸었으나 파업 중이라 앞으로 20일은 더 기다려야 환자를 받을 수 있다고 한다. 하는 수 없이 인창동에 있는 녹색병원으로 갔다. 그 병원 원장님과는 "경기 인터넷 자문위원" 활동을 했던 인연이 있어 2년마다 건강검진을 받아오던 터라 입원을 요청하여 급하게 입원을 했다.

내과 과장님, 여러 의사 선생님, 간호사 선생님이 모두 깜짝 놀라면서 이렇게 간 수치가 높은 건 이례적이라고 걱정을 하는 소리를 들었다. 아들과 통화를 하는데 앞으로 치료받을 길이 멀다고 전하는 것이다. 아이들은 그 소리를 듣고 수심이 가득한 얼굴이다. 왜 안 그렇겠나, 나는 애들에게 걱정을 안겨주는 것 같아 마음이 편치 않았다. 게다가 코로나 때문에 자주 면회도 안 되니 중요한 것만 가져다 접수실에 건네주고 가곤 했다. 입원 후 초음파 검사를 했다. 그 결과 간 끝에 담석이 매달려 그 염증이 간 수치를 높였던 것이다. 다른 사람들은 담석이 있으면 아파서 못 견딘다는데, 나는 다행히 담석증으로 고통을 느끼지는 않았다. 아마도 아픔을 느끼지 못하니 간 수치가 그렇게 높이 올라간 것도 몸이 반응하지 않아 몰랐던 것 같다.

다행히 여러 의사 선생님, 간호 선생님, 도우미 여사님들 모두 정성을 다해 간호해준 덕분에 마음도 많이 안정

되고 좋아졌다. 참 좋은 세상에 살고 있다는 생각을 다시 한번 해봤다. 의술도 좋지만 약도 좋아 조금만 건강에 신경 쓴다면 100세 시대는 옛말이 아니다. 덕분에 나는 병원 생활을 하면서 많은 사람의 도움을 받았다. 특히 도우미분들은 나뿐만이 아니라 암 환자들의 복부에서 물 빼는 일을 비롯해 대소변 기저귀까지 갈아 입혀주고 최선을 다했다. 밤낮을 가리지 않고 수시로 병실을 보살피는 모습에 감탄과 찬사를 보내고 싶다. 아무리 그분들이 하는 일이 대가를 받는다고 해도 사랑과 정성인 사명감이 없었다면 그렇게 힘든 일은 할 수는 없을 것이다. 또, 다른 환자들에게 최선을 다하는 모습을 보면서 도우미분들에게 감사함을 표현하고 싶다. 사람이 살아가는 데는 인과의 법칙이 있다. 그렇게 여러 사람에게 행복(幸福)을 분양하는 좋은 역할에는 반드시 행운(幸運)이 올 것이다. 이분들의 앞날에 꽃길만 있기를 바란다.

전쟁기념관

한 번쯤 가보고 싶었던 곳인데 마침 경로당에서 단체로 인천으로 새우젓을 사러 가자고 했다. 새우젓을 사러 가는 중간에 관광버스가 잠시 짬을 내서 전쟁기념관을 둘러봤다. 6·25 인류의 보존적 가치와 자유의 평화를 위해 희생자들의 명비를 보고 참전 용사들의 거룩한 영혼(靈魂)을 기리고, 그들에게는 긍지와 보람을, 우리 후손들에게는 감사와 다짐을 되새기는 증표로서 이 명비를 용사의 영전(榮典)에 바친다는 뜻으로서 세워진 곳이다. 호국 추

모실 안쪽으로 들어가면 국군과 유엔군 전사자 명부가 놓여 있다. 전쟁에 참전한 사람 170,585명, 외국인 40,790명, 피난민도 14,000명이다

호국 추모실은 밤하늘에 별이 빛나는 것과 같이 긴 공간이 이어지는 곳이다. 우리나라를 지켜낸 호국영령들이 호국의 별이 되어 대한민국을 지켜주고 있음을 표현했다고 한다. 선사시대부터 6·25전쟁, 월남전 대 침투 작전에서 전사한 국군장병 및 경찰관들과 6·25전쟁 때 참전하여 전사한 유엔군 용사(勇士)들의 이름이 새겨져 있는 추모공원이다. 전투부대 파견 국가 16개국, 의료지원 8개국 전쟁은 1,129일 동안이었다. 전쟁기념관을 보는 순간 역사(歷史)와 시대(時代)를 감출 수가 없다는 것을 깨닫게 되었다.

어릴 적 고향에서 본 기억이 머리를 스쳐간다. 서로가, 서로를 총부리로 겨누던 아주 무섭고 소름이 끼치는 시절을 겪었지만 지금 전쟁기념관을 와서 보니 호국안보(護國安保)의 공동체 의식을 더 느끼게 된다. 하늘 아래 목숨보다 더 중요함이 어디에 또 있겠는가, 이분들이 고귀한 목숨을 바쳐 이 나라를 지켜주셨으니 감사와 고마움의 뜻을 간직하고 반드시 전쟁이 없는 나라로 통일을 이뤄 세계의 강국으로 되어야 고귀한 용사들의 영혼(靈魂)을 위

한 길 일 것이다.

6·25의 동족상잔의 비극에 이어 천안함, 연평도 폭격 사건은 반성 없는 도발이라는 생각을 또 해본다. 물 위에서 싸늘하게 흐르는 아픔이다. 또한, 서걱거리는 갈대 소리에 철퍼덕 주저앉는 실향민들은 몇 발자국만 가면 닿을 듯 닿지 못하는 그 길을 오늘도 바라만 보고 긴 한숨만 삼킨다. 죽은 이의 소원도 들어준다는데 왜 핏줄을 남겨놓고 그리워만 하고 보지도 못하는지…. 남으로 북으로 서울로 평양으로 달리고 싶어도 달리지 못한 철마는 오늘도 지쳐있는데 돌을 던질 수 없는 마음에 금 간 허리만 아프다. 이 나라를 지켜준 거룩한 용사들에게 희생자들에게 감사와 보은을 드린다.

가친님들

삶의 길목에서 수없이 많고 많은 사람 중 인연(因緣)이 되어 수 천만분의 일이 우연처럼 우주의 중매쟁이로 만났는데 시간이 흐르다 보니 그리움이 호수처럼 밀려온다. 사방에 흩어져 있다 가끔 만나면 진솔한 마음을 나눌 수 있는 다정했던 지인들은 때로는 형제 같은 마음으로, 때로는 친구 같은 마음으로 세상사 고단한 삶 속에서도 서로를 위하며 몇십 년 동안 더없이 좋은 인연이었다.

어느 멋진 봄날이었다. 좋은 인연들을 모시고 우리 집

에서 모임을 하기로 하여 우리 부부는 며칠 전부터 시장보기를 시작하여 많은 음식을 장만했다. 게장, 홍어회, 갓김치가 등 풍성하게 준비하고 사람들을 초대했다. 지인들은 갓김치가 아주 맛있다고 명물이라며 고기보다 더 좋아했다. 30여 명은 음식이 맛있고 사람들이 이렇게 어울려서 좋다고 어린아이들처럼 덩실덩실 춤을 추고 노래도 부르며 시간이 가는 줄 모르고 놀았다. 우리 집에 모인 일행들은 서로 오가는 이야기 속에 술과 안주를 서로 권하며 먹고 마시고 즐겼다.

나는 내가 만든 음식을 맛있게 먹어주는 지인들이 고마워 정성을 다해 부족함 없이 음식과 술을 내놓고 마음껏 즐길 수 있도록 대접을 했다. 그러는 사이 통행금지 시간이 지나는 줄도 모르고 여흥을 즐겼다. 지인들이 하는 말이 이 댁이 사업실패로 고생이 아주 많았는데 이제는 부자가 되었으니 며칠을 먹고 논들 표시나 나겠느냐며 모두 하룻밤 묵어가자고 이구동성으로 자리를 잡고 누웠다. 나는 환영이라 하고 하룻밤 자고 가라고 했다. 일행 중 집이 가까운 분은 돌아갔지만, 집이 멀거나 술에 취한 사람들은 놀고 있는 안방에서 자기로 했다.

자정이 넘어서 우리 아이들은 뒷방에다 재우고 아주머니들은 옆방에서 주무시도록 자리를 폈다. 그러나 오랜만에 만난 지인들은 가정 이야기, 세월 이야기하다 보니 새벽 2시가 넘도록 이야기꽃을 피웠다. 그러다가 한 사람씩 술에 취해, 이야기에 취해, 시간에 취해 잠이 들었다. 나 역시 그동안 음식 장만을 하느라 고단했는지 비몽사몽(非夢似夢) 이야기를 듣다 눈이 스르르 감기고 말았다. 잠결에 보니 조용한 게 모두 잠이 들었다. 그런데 바로 그때였다. 삐그덕 문소리가 나더니 샤~하고 물소리가 쏟아지는 소리가 들렸다. 술이 거나하게 취한 남자 손님이 화장실인 줄 알고 그만 방에다가 실수를 하고 말았다. 한밤중에 여자들은 날벼락을 맞아 방바닥을 닦아내고, 옷을 갈아입고 야단법석도 그런 야단법석이 없었다. 그 지인 S 부장은 먼동이 트기도 전에 길을 나서 버렸다.

참 더없이 좋은 분이 술 문화 때문에 우리를 난감하고 웃기게 만들었던 시절이 생각이 난다. S 부장님이 이 글을 보시면 옛 추억이었다고…….

"'김 여사 미안했어요.' 한마디 말해주세요. 익명이기 때문에 그때 참석자 외에는 아무도 모를 겁니다. 호호호! 저희 남편을 그리워하면서 배꼽을 열고 웃어 보고 싶네요. 김포공항에 사는 최 여사님, 가끔 전화해서 그때 먹었던 게장, 홍어회, 갓김치 맛있게 먹어서 생각이 난다며 그 시절이 그리워진다고 하셨지요. 이 글을 보시면 그때를 감상하며 힐링의 시간이었으면 합니다. 멋쟁이 최 여사님 항상 건강하시고 행복(幸福)하시기 바랍니다. 옛 추억이 되어 버린 그 시절 그분들 모두 그립습니다. 좋은 인연이었습니다."

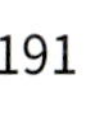

부모님을 속였던 일

어린 시절 내 고향은 생활이 너무 어려워 먹을거리가 부족한 집들이 많았다. 집집마다 아이들은 많은데 살기가 너무 힘들어서 쌀이나 보리쌀 한 말에 며칠씩 밭일에 팔려가 먼동이 트면 나가서 땅거미가 내려앉을 때까지 일을 해주는 실정이었다. 그들의 생활을 알게 된 나는 우리 집은 조금 넉넉한 편이어서 쌀이나 보리쌀을 자루에 담아 물동이에 이고 오늘은 이 집, 내일은 저 집 다니며 부모님 몰래 어려운 이웃들에게 나눠주었다. 어쩌다 가지고 나가지 못하면 소죽을 쑤는 아궁이에 넣고 가지고 나갈 기회를 기다렸다. 그러던 어느 날이다. 몰래 감춰둔 곡식을 가지고 나가야 하는데 하필이면 아버지는 그날따라 들에서 일찍 들어오셨다. 그리고는 서슴없이 아궁이에 불을 지폈다. 숨겨둔 쌀과 보리쌀 자루는 불에 타서 몽땅 터지고 말았다. 그것을 본 나는 말도 못 하고 발만 동동 굴렀다.

아버지는 이 짓이 누구의 짓이냐고 회초리를 들고 야단을 치니 나는 대나무 숲 아니면 항아리 속에 숨어 있다가 하는 수 없이 어려운 이웃을 도와준 이야기와 그동안의 과정을 고백하고 말았다. 내 말을 아무 말도 없이 듣고 계시던 아버지는 나를 껴안고 우시며 '그러면 그렇지, 사전에 말을 하지 그랬냐.'라며 역시 피는 못 속인다더니 하시며 고맙다고 평생을 그런 마음으로 살라고 하셨다. 그리고는 아궁이에 숨겨둔 불에 탄 쌀과 보리쌀은 소죽에 넣어 끓여 먹이고 도와주고 싶은 이웃이 있으면 가져다주라고 하셨다. 나는 아버지의 허락을 받고 수시로 어려운 집들을 돌아가며 돕는 역할을 터놓고 해왔었다.

나에게는 그 일이 아주 신명(神明)나는 일이 되었다. 그렇게 어린 시절을 보내고 어느덧 나이가 들어 결혼을 하게 되었다. 이웃들에게 인사를 하고 시집을 가는 날이다. 가

까운 분들과 이별을 하게 되어 나 역시도 못내 서운한 마음이 있는데 소나기까지 억수로 쏟아져 헤어짐을 더욱 슬프게 했다. 아주머니들은 시집가는 나의 가마 다리를 붙잡고 네가 떠나면 우리는 어떻게 하냐며 눈시울을 붉히며 울어주시기까지 했다. 그렇게 나는 어린 나이임에도 불구하고 어려운 이웃들을 허투루 보지 않았다. 아마도 부모님이 하시던 모습을 보고 배운 덕이었는지 모른다. 지금 생각해보니 그분들도 나에게는 평생에 남을 큰 선물이고, 모습이 눈가에 아른거리며 이슬이 맺힌다. 내 고향 그곳에는 파도소리, 비릿한 바람에 구속된 가난의 굴레 들이었다. 생각하면 가진 게 있고 없고가 무슨 허물이 되겠냐며 보릿고개 흉년에는 대다수가 그렇게 살았다.

정화수 한 사발 나물 몇 접시, 석화 한 사발, 조기 새끼 몇 마리, 밥 한 그릇으로 차례상을 경건한 마음으로 올렸다는 삶의 얘기가 긴 여운을 남긴 사람들이었다. 그분들의 자손들은 시대 흐름에 따라서 지금은 다 잘되어 박장대소로 웃어가며 즐겁게 의식주 걱정 없이 살아가고 있다는 기쁜 소식을 종종 듣는다. 또 그 자손들은 내게 농사지은 잡곡이며 콩이며 팥이라도 보내주겠다고 주소가 어디냐고 묻는다. 그때 그 고마움을 보답이라도 하겠다는 소리를 자주 들었지만 나는 거절을 했다. 그분들이 잘되고 행복해지는 것이 나의 보람인 것이다. 울 아버지 참교육이 “흐르는 물도 떠드리는 것이 중요한 선근의 길이다.”라는 말씀 내 일생에 잊지 않고 간직하고 살고 싶다.

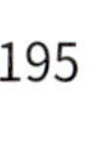

사랑하는 아이들아

한 가정을 이루어 쌓아야 한다는 것이 얼마나 힘겨운 일인지 이 어려운 시대에 생존의 몸부림도 또 다른 전쟁이란다. 되도록 많은 이들에게 배우며 조언을 구하며 살아라. 그 안에 과오와 때늦은 후회에서 벗어날 길이 있는 법이다.

많은 사람의 지식과 지혜는 독단을 막아주는 것이다. 우리 모두 서로에게 조언을 구할 때 우리의 적은 사라진다.

사랑하는 아이들아! 세상은 참 행복(幸福)하기도 하고 불행(不幸)하기도 하단다. 너희가 서 있는 세상이 불행이 되거나 행복이 되는 건 순전히 너희들 마음에 달린 것이니, 그러므로 어떤 비바람을 만날지라도 세상을 탓하지 말고 네 그릇을 키우고 스스로 구하라. 세상의 행 불행이 또한 거기에서 결정된단다.

사랑하는 아이들아! 논쟁하되 분 내어 다투지 말고 살아라! 우리는 사물을 제 눈높이로 말하는 다름은, 개성이거나 인식의 차이일 뿐이니 어떤 일을 만나든 그 일에 냉철하게 대응하기 바란다. 최선을 다한 선택의 합리적인 판단을 하며 과정(過程)에 충실했다면 결과가 나쁠지라도 연연하지 말거라!

사랑하는 아이들아! 인생은 장미꽃 뿌려진 탄탄대로가 아니란다. 또한, 한번 흘러간 시간은 다시 돌아오지 않는 걸 알기를 바란다. 그러니 헛되이 보내지 말고 지금처럼 열심히 살아 행복한 삶의 아름다운 가치를 획득하는데 소중한 젊음을 바치길 바란다. 그것이 가족 모두와 이 세상에 바로 서는 길임을 잊지 말고 살기 바란다.

사랑하는 내 자식들아!

오늘도 내일도 내년에도 아니 평생을 건강하고 지혜롭게 살아주기를 바란다. 부딪혀 조각이 되어도 다시 이는 파도처럼 가로막는 높은 산을, 비켜 넘는 바람처럼, 숨 가쁜 험한 준령 쉬어 넘는 구름처럼 창공에 높이 떠서 땅을 보는 독수리처럼 살아다오!

4월은 잔인한 달이었다

[황무지]의 시인은 4월은 잔인한 달이라고 하듯이 봄은 오지 않았습니다.

2014년 4월의 봄은 많은 상처(喪妻)만 남기고 지나갔습니다. 진도 앞바다에 '세월호'의 침몰은 유 씨의 욕망(欲望) 때문에, 대한민국과 전 세계가 충격과 분노로 흔들어 놓았습니다. 무고한 생명의 꽃봉오리들이 지혜 없는 어른들에 의해서 젊음을 피워 보지도 못하고 세상을 떠나

갔습니다.

망각(忘却)이란, 아픈 봄은 서서히 지워지겠지만 이 지옥 같은 일은 두 번 다시 이 세상에서 일어나지 않기를 기원합니다. 요즘은 웰빙 시대니 뭐니 하여 수명이 백 세 시대를 살고 있다고 하지만 사람이 수많은 날을 사는 동안 어려운 일들을 피할 수가 없는 것 같아서 일생 생과 사에 걸릴 때도 있고 수차례 모진 풍파(風波)를 겪으며 힘들게 사는 게 인생인 것 같습니다.

공자나 소크라테스와 같은 성인도 수많은 종교인도 인생에 대한 정의를 버리지 못한 것 같고 삶은 너무나 깊고 넓고 넓어 삶이 무엇이라고 말할 수 없는 것이며 풀지 못하는 수수께끼와 같다고 합니다. 삶의 고비마다 찾아오는 위기를 극복하기 위한 묘법(妙法)을 알고, 인과응보의 철학이 있으면 자기를 바로 세우고 이 어려운 현실을 잘 극복해 나가며 누군가의 멘토 역할을 할 것입니다. 정말 그런 것까지 바라지도 않습니다. 안전 불감증만 가지고 있었어도, 개인적인 욕심을 조금만 내려놓았어도, 조금만 신속했어도 전 국민이 아파서 통곡하는 일은 없었을 것입니다.

이제 막 피는 꽃들이 진도 앞바다에 뚝뚝 떨어졌습니다. 달빛 별빛도 떨어졌습니다. 그 무엇이 그들을 슬프게 하였습니까! 젊은 삶이 파노라마 같은 짧은 생이었습니다. 아름다운 청춘들이 몇백 명 떠나가는 슬픈 현실은 아직 피우지 못한 한을 삼킨 파도와 욕망의 화살에 쏘아 올린 사악한 하이에나같이 양심이 없는 사람들에 의해 아름다운 청춘이 피지도 못하고 지고 말았습니다. 다시는 두 번 다시는 이런 일이 없도록 우리 어른들이 발 벗고 나서서 잘못된 사회를 바로 잡아야 합니다.

물론 어려운 세상에 내 가족을 챙기기도 어려운데 하겠지만, 기쁨은 나누면 배가되고 슬픔을 나누면 반으로 줄어든다고 했습니다. 우리 다 함께 떠나간 젊은 영혼(靈魂)을 위하여 기원해주길 바라며 어른으로서 책임감을 느끼고 그 무엇과도 바꿀 수 없는 보물인 젊은이들이 살기 좋은 나라가 되길 만들어 줍시다. 우리나라가 최고라고 믿고 살게 해줄 수 있도록 어른으로서 지난 과거는 반드시 반성하고, 어른 자체가 좋은 퇴비가 되어 새싹이 잘 자랄 수 있는 자리를 내어주길 바랍니다.

삶의 무게

꿈 많던 청춘은 무지개를 그리면서 서울행 완행열차를 탄 지 어언 몇십 년이었다. 그렇지만 꿈은 저 멀리 있었다. 남편은 공무원직을 그만두고 돈을 많이 벌 수 있는 건 사업뿐이라고 공무원을 사퇴하고 개인사업을 했다.

그러나 남편이 하는 사업은 하는 일마다 경험 없이 한 탓에, 열 번이나 실패를 끌어안아야 했다. 부모님이 물려주신 시골에 있는 재산도 다 팔아 없앴고 부도수표에 집 없는 설움까지 모두 짊어져야 했다. 이미 손을 쓸 방법은 없었으므로 다시 만회할 수가 없었다. 결국, 우리 가족은 셋방살이를 해야만 했다. 19년을 모셔야 했던 홀시아버지는 손주뿐이 모르고 어렵게 사시던 분이 아니었는데 연세 많으신 부모님을 모시고 산다고 집주인은 방을 비워 달라고 했다. 아버님 마저 가난을 함께 짊어져야 했다. 어찌 사정을 해 볼 수도 없이 다른 곳으로 이사를 해야만 했다. 그 시대는 외부에 장례식장이 거의 없는 실정이어서 노환인 아버님이 주인집에서 돌아가시기라도 하면 남의 집에서 초상을 치를까 걱정이 되어 내보냈던 것이다.

엎친 데 덮친 격으로 8년을 같이 살던 시누이는 참 예쁘기도 하고 매사 모든 일을 잘하는 사람인데 어쩌다 마음이 아픈 환자가 되었다. 그러니 주인 처지에서는 연세 많으신 아버님에 아픈 시누이까지 함께 살아야 하는 내 사정을 딱한 줄 알지만 불편함을 겪기에는 부담스러운 면이 많았었던 것 같다. 노인과 환자까지 한집에서 같이 살 수가 없다며 하루가 급하니 당장 방을 비워 달라고 하여 또 나는 서러움을 삼키고 이사를 할 수밖에 없었다.

아무것도 가진 것도 없고 내 손에 딸린 식구도 많은 나는 오지랖도 넓어 불쌍하고 오갈 데 없는 할머니를 8년이나 모시고 산적도 있다. 일제강점기 때 남편과 자식을 모두 잃고 의지할 곳 없는 가엾은 분을 모시고 함께 사는데 주인집은 할머니와 같이 산다고 참 오지랖도 넓다며 사정은 딱하지만 어쩔 수 없는 노릇이라고 며칠 사이로 방을 비우라 하여 어쩔 수 없이 이사를 또 해야만 했다. 입을 하나 덜어도 모자랄 판에 나는 노인네가 이 일을 알면 미안해하고 슬퍼할까 봐 조심스레 방을 비워줬다.

매일이 희망 없는 내일이었다. 앞이 막막하여 모든 것을 내려놓고 싶은 마음을 안고 아차산에 올라 땅거미가 내려앉을 때까지 하염없이 시내를 내려다봤다. 가로등 불빛 사이로 빼곡히 들어앉은 집들이 저리도 많은데 나는 왜 살아야 할 집은 고사하고 한 칸짜리 방 하나 없는 신세가 되었는지 처량하고 답답한 마음으로 세상을 원망하고 한숨을 쉬었다. 참 세상은 왜 이리 고르지 못하나 한탄스러웠다. 그리고는 막다른 생각으로 삶을 등지고 싶은 마음에 극단적인 선택을 하려고 하려던 순간, 방범대원 아저씨에게 그만 들키고 말았다. 그 아저씨는 나를 지켜보며 격려와 위로를 해주며 집까지 데려다주었다. 억지로 세상을 포기하는 것도 팔자가 아니면 안 되는 것 같다. 정신을 차리고 다시 아이들을 돌보며 다짐을 하고 살아보려고 하는데, 5남매 아이들이 뛰어다니며 장난치는 모습이 시끄럽다고 당장 집을 비우고 또 나가라는 것이다. 그때는 주인집이 아닌 세를 얻어 방을 한 칸 다시 세를 놓은 같은 세입자가 방을 비우라니 서러움은 목까지 차올라 눈물도 나오지 않았다.

천진난만한 아이들이 무슨 죄가 있을까, 부모 잘못 만난 죄로 이리저리 남의집살이해야 하는 아이들 걱정에 미안함으로 노심초사하다가 응봉동 산꼭대기에 겨우 방을 얻었다. 리어카에 실은 삶의 무게는 감당하기 힘이 들었다. 무려 스물일곱 번이나 이사했다. 남편은 내일 이사를 한다고 하면 오늘 밤부터 창피하다고 집을 나가버리기 일쑤였다. 그때는 월 셋방 기간이 6개월이었다. 그 기간을 못 채우고 1년에 두세 번씩 이사해야 했다. 수십 차례 방을 구해야만 하는 가난은 우울증을 가져왔고 마음을 달래고 내 자신을 다잡기 위해 그때 가정심리학 백과사전을 많이 봤었던 것 같다.

항상 암벽을 타는 나는 암벽에서 떨어져 버릴까 봐, 아니 떨어지면 어떡하나 하는 조바심으로 살아야만 했다. 반평생을 넘도록 살아온 세월은 쓰디쓴 세월이었고 그 와중에 암과 중풍 등 병마와 싸워가며 세월을 버텨야만 했다. 버스에서, 길 위에서 쓰러진 것도 열네 번이나 되었다. 쓰러지고 일어날 때마다 다시는 눈을 뜨지 말고 이대로 영원히 감기를 바랐던 마음이 한두 번이 아니었다. 그래도 청춘에 죽을 팔자는 아니었는지 그때마다 아는 사람이 발견하여 돌보기도 했고 때로는 택시기사가 동사무소나 집 앞에 태워다 주기도 했다.

내 인생은 자동차로 비유하자면 정차할 시간도 없이 후진, 유턴, 직진으로 달리기만 했다. 주차하고 쉬어가는 건 내 삶에 있어서 사치였다. 모든 방향으로 왔다 갔다 하는 정말 바닷물보다 더 짠 시간이었다. 가슴으로 새기고 새우젓보다 더 삭힌, 고통이 힘들었던 세월을 끌어안고 육상경기를 했다. 비록 등수에는 못 들어 꼴찌일지라도 지금 돌아보면 관중들로부터 큰 박수를 받았다고 생각한다. 나 자신과 가족을 위해 걸어온 길이 헛되지는 않았다고 아이들을 바라볼 때마다 생각해 본다. 지난 세월이 아프고 힘들었던 것을 다 지워버리고 삶의 도화지에 원하는 그림을 자꾸 그리면서 행복해지는 좋은 그림을 그리고 싶다. 만약 그때 힘들어서 포기했다면 지금쯤 나는 이 세상에 있었을지, 피하지 않고 극복하면서 살아온 결과에 이만큼 채웠으니 이제는 고단했던 지난날을 되돌아 회상하면서 감사하고 고마운 마음으로 행복의 잔디를 느긋느긋 밟아 본다.

잘못된 음주 문화

몇 년 전이다. 남편이 영양탕을 사주겠다고 외출을 하자고 했다. 요즘은 개를 애완용으로 기르고 반려동물로 생각하는 사람들이 많아 그전처럼 개를 보신용으로 먹는 사람이 드물다. 그전에는 최고의 보양식이라 생각하고 시골에서는 삼복이 되면 더위를 이기는 방법으로 먹을거리로 생각하고 몸을 보호했다. 이 또한 하나의 우리나라 문화이므로 함부로 문화를 비난할 일은 아니라고 생각한다. 지금은 보양식 외에 다른 영양제나 영양식이 넘쳐나는 시대니 굳이 먹지 않아도 살아가는 데 전혀 문제가 없다고 나는 본다. 먹을 게 귀할 때 먹던 음식이니 그전 내려오던 어른들의 보양식을 가타부타하지는 말았으면 하는 생각을 한다. 이 말은 여담이다.

그날도 나는 별생각이 없어서 싫다고 하여도 한사코 가자고 종용하여 하는 수 없이 따라나섰다. 남편과 함께 가서 먹어줘야 하는 마음도 있기도 했다. 식당으로 걸어가는 도중이었다. 노점에다 손수건을 진열해놓고 팔고 있었다. 나는 손수건을 쳐다보다 마음에 드는 색이 눈에 띄어서 하나를 골랐다. 새 손수건을 들고 좋아하며 돈을 지급하고는 그만 핸드폰이 있는 지갑을 그 자리에 두고 다른 지갑만 챙겨 음식점으로 갔다. 아는 사람한테 전화가 오기로 했는데 아무리 기다려도 벨이 울리지 않아 지갑을 열어보니 핸드폰이 들어있는 지갑이 없는 것이다.

바로 손수건을 샀던 노점상으로 뛰어가 "혹시 핸드폰 들어있는 지갑을 보셨나요?"라고 묻자 "네, 걱정하지 마세요. 선반 위에 잘 모셔놓았습니다." 하고 핸드폰이 들어있는 지갑을 내어주셨다. 어찌나 고마운지 이렇게 마음 착한 분이 있나 싶어서 그 앞을 지나갈 때마다 그때는 정

말 고마웠다며 음료수나 빵을 사다 주곤 했다. 핸드폰 바꾼 지가 불과 이틀밖에 안 되었는데 핸드폰값에 비하면 매일 사다 주어도 아깝지 않았다. 그 마음 씀씀이가 너무 아름다웠기 때문이다.

핸드폰을 찾은 나는 기분 좋은 마음으로 남편이 기다리고 있는 식당으로 서둘러 갔다. 그 당시 식당 홀에는 30~40명 손님이 보양식을 시켜 맛있게 먹고 있었다. 우리도 음식을 시켜 남편과 도란도란 이런저런 얘기를 하며 먹고 있는 도중이었다. 맞은편 테이블에서 큰소리가 났다. 너무 큰 소리에 놀라 쳐다보는데 남자 세 명, 여자 한 명이 술에 취해 'X 같은 놈들아, 이 X 같은 누구누구야!' 하면서 남녀가 서로 욕을 하며 싸우고 있었다. '야! 내가 빌려준 돈 내놔' 돈 없으면 핸드폰이라도 내놓으라고 큰소리로 악을 쓰더니 결국, 그들은 일어나서 육탄전을 벌이고 말았다. 한마디로 식당 안은 난장판이 되어 버렸다. 음식을 먹다가 보다 못한 손님들은 밖으로 나가서 싸우던지, 지지고 볶든지 하라며 고함을 지르고, 식당 주인까지 합세해 아수라장이 되어 버렸다.

그 상황을 본 나는 큰소리에 놀라기도 했지만 웃음도 나왔다. 그 음식을 먹으면서 '개만도 못한 인간들'이라며 내몰아야 음식을 먹을 거라며 가게 안에 있던 손님의 말이 귀에 꽂혔기 때문이다. 결국, 싸움하던 사람들은 밖으로 내몰리고 말았다. 건강하기 위해 먹는 음식이 그 음식만도 못하단 소리에 나는 실소를 금하지 못했고 할 말을 잃었던 것이다. 결국, 밖으로 쫓겨난 일행은 큰길가에서 네 명이 엎어져 서로 뒹굴며 미친 듯이 싸우는 반역의 드라마 주인공들 같았다. 지나가는 버스에 탄 승객이며 택시, 그리고 자가용 운전자까지 가던 길을 멈춰서고 쳐다보고, 길 가던 행인들도 발걸음을 아예 멈추고 구경하는 것이다. 싸움 구경은 정말이지 지나치지 않고 보는 게 다 반사다. 보통은 호기심도 있지만, 사람들의 심리는 남의 싸움에 내 처지가 좀 더 나아 보이는 위로를 받아서일까, 정말이지 볼만한 싸움이었다.

돈 들여 산 음식을 잘 먹고, 소화를 잘 시키면 좋으련만 남들에게 취한 모습을 보이고 저렇게 만신창이가 되도록 뒹굴고 싸우는 것을 만약 자기 가족이나 친척이나 지인들이 그 모습을 보았다면 그 노릇을 어찌 감당할 것이며, 부모로서 또는 어른으로서 받아야 할 신뢰감과 존경심은 어디 가서 찾아올까, 하는 마음이 들어 안타끼웠다. 싸움 구경을 하고 난 후, 나는 남편에게 "술 취해서 저런 실수하는 모습을 남에게 보이는 걸 어떻게 생각해요? 당신도 조심해야 해요." 했더니 그 말에는 답을 안 하고 동문서답이다. 남편도 술을 너무 좋아하기 때문에 친구들도 대부분 술을 좋아하는 친구들이다. 술은 적당히 먹으면 전 우주를 품을 수 있는 너그러운 마음이지만, 과하게 마시면 일생을 망치기도 한다. 적당히 마시면 좋은 친구가 되지만 지나치면 둘도 없는 원수도 될 수 있다. 음주에 대한 문화가 욕보이지 않았으면 좋겠다.

나는 장사꾼이었다

나는 장사꾼이었다. 삶의 치부를 드러내는 나의 운명에 부끄러운 이야기들이다. 자식들은 창피하다고 다른 글은 다 써도 이런 글은 쓰지 말라고 당부를 하며 극구 말리기까지 했다. 어렵고 힘겨운 일이 삶의 반이므로, 아이들은 살아온 얘기를 옛날이야기로 듣거나 남의 말 하듯 할 때가 있다. 쌀이 없으면 라면이라도 먹으면 되는데 라고 말하는 자식도 있다. 자식 부모 간 DNA가 같아도 모두 다 닮지는 않는다. 내가 살아온 삶을 글로 엮으려는 마음은, 아픈 상처를 드러내고 위로받고 싶은 마음이 아니다. 다만, 나는 내가 살아온 역사를 꼭 써보고 싶다. 대단한 역사도 아니지만 나 자신이 부끄럽기도 하고 때론 잘 견뎌온 나에 대한 위로이기도 하다. 내 자화상에 대한 상고(上古)의 고통이었다.

한때는 의식주 걱정 없이 살기도 했다. 하지만 편안한

행복은 내게 오래가지 않았다. 썰물처럼 밀려갔다가 밀물처럼 밀려오는 자연의 이치처럼 결코 한자리에 머물지 않는다는 것을 알았다. 사업 실패로 부모님과 철부지 자식들의 목숨이 내 손에 달려있었다. 빚진 돈을 일수나 곗돈으로 갚아야 했기 때문에 나는 이것저것 가릴 것 없이 장사라도 해서 먹고살아야 했다.

장사라고는 해 본 적이 없는 나는 아는 게 없어 주변에서 들은 귀동냥으로 처음에는 도라지 까서 파는 것을 시작으로 채소 장사, 과일 장사, 보험회사, 화장품 판매까지 했다. 한남동 PX에서는 외제 화장품을 사다가 돈 많은 여자들에게 판매하기도 했고 당구장도 해 보고 미래양행 분필케이스, 슈퍼마켓, 웨딩드레스 만드는 일까지, 무엇을 하고 살았는지 돌아볼 겨를도 없이 가쁜 숨을 재촉하며 걸어왔다. 남들은 인생이 왜 이리 짧으냐고 하는데, 나는 뒤돌아보면 멀고도 아득하게만 느껴지는 기나긴 세월이었다.

그중에 내 생애에 가장 잊을 수 없는 장사는 생선 장사였다. 보기에는 천해 보이지만 손에 쥐는 이익이 많다는 소리를 듣고 냄새고 뭐고 망설임 없이 시작하게 되었다.

처음에는 시장에서 생선을 받아다 앉아서 오고 가는 사람들에게만 '생선 사세요. 싸게 드릴 테니 좀 팔아 주세요.' 하며 손님을 불러서 팔아야 했다. 지나가는 손님을 입으로, 손으로 붙잡고 간절히 생선을 팔아 주기만 기다렸다. 하지만 떼어온 생선을 다 팔기에는 역부족이었다. 나는 이런저런 방법을 생각하다가, 비린내 나고 무거운 생선이 담긴 함지를 이고, 집집이 돌아다니며 생선을 팔러 다녔다.

서울역 뒤편에 생선깡이란 도매시장이 있었다. 그곳에서 몇 짝을 함지에 옮겨 담아 머리에 이고 65번 성수동 가는 버스를 타고 다녔다. 그러나 생선 함지를 이고 버스를 타는 아줌마를 버스 기사들은 탐탁하게 생각하지 않았다. 그렇게 기사는 생선 장사 아줌마를 쉽게 태워주지 않았다. 매일 생선을 받아와 머리에 이고 있던 나는 절대 포기할 수 없어 몇 번이나 태워주지 않는 차 뒤꽁무니를 바라보며 애만 태웠다. 그날도 멀리서 65번 버스가 오는 게 보였다. 이번에도 기사가 안 태워주면 어떻게 하나, 짐은 무겁고 걱정을 태산같이 하면서 마음을 졸이고 있는데 마침 차가 정차하더니 문을 열어주어 탈 수 있었다. 얼마나 고맙고 다행이었는지, 가쁜 숨을 몰아쉬고 차 안을 둘러보았다. 그런데 하필이면 그날따라 승객이 모두 신사들만 타고 있어서 내려 달란 말도 못 하고 민망한 고개를 떨구

고 어정쩡하게 서 있었다. 냄새로 인한 민폐에 불안한 마음을 더 얹어 생선 함지를 이고 있던 나는 서울역과 퇴계로 사이 고가도로 쪽으로 차가 곡선으로 꺾는 동안에 중심을 잃고 휘청거리다 그만 생선 함지를 차 바닥에 몽땅 쏟고 말았다.

20여 명의 승객은 다음 정거장인 남대문시장 후문 앞 정류장에서 현금도, 토큰도 내지 않고 생선 냄새에 기분 나쁘다며 재수 없다고 하고 모두 내려버렸다. 나는 무릎을 꿇고 기사에게 사정했다. '기사님 제가 이 장사를 하지 않으면 노부모 자식들은 다 굶어야 합니다. 정말 미안합니다.' 하니 '아! 어서 일어나 생선이나 주워 담아요.'라는 말에 감사하다는 인사를 하며 머리를 연신 조아리며 바닥에 흩어진 생선을 쓸어 담는데 안내양이 내 모습이 안됐는지 생선을 주워 같이 담아줬다. 손에서 냄새가 났을 텐데, 나는 고맙다는 인사를 수도 없이 하고는 신당동에서 내려 단골집으로 다니던 곳으로 갔다.

그 집은 다가구 주택인 14가구 사는 집이나. 나는 부리나케 그 집에 들어가 수돗가에 생선을 부어놓고 집주인을 불러 사정 이야기를 하며 도움을 청했다. 주인은 혀를 끌

끌 차더니 같이 사는 세입자를 모두 불러 모아 놓고 내 생선을 팔아 주었다. 다행히 손해는 보지 않고 본전은 건질 수가 있었다. 그 댁은 부자였음에도 인간에 대한 차별 없이 인자(仁慈)한 분이어서 나를 가엾게 여겨 항상 잘 챙겨주었다. 어쩌면 나는 그분 덕분에 매일 고단하고 힘든 하루지만 더욱 용기를 내어 5년간을 단골로 찾아다니며 장사를 잘했는지도 모른다.

그러던 어느 날이다. 생선을 이고 이 집 저 집 찾아다니며 팔았던 장사를 그만두게 된 결정적 이유가 생겼다. 그날도 생선을 이고 가는데 어떤 정신질환을 앓는 환자가 생선이 들어있는 함지를 넘어뜨려 버렸다. 창피하지만 흙에 범벅이 된 생선을 그대로 담아 또, 신당동 그 댁을 하는 수 없이 찾아가 수돗가에 앉아 생선을 씻게 되었고 그 댁에서 생선을 다 팔아 남는 돈으로 담배와 막걸리를 사서 시아버님께 드렸다. 그리고 방에 덩그러니 앉아 있는데 눈물이 나왔다. 환자한테 당한 일이지만 그 속상함과 자괴감은 이루 말할 수 없었다. 아니 그동안의 고단함과 설움이 목젖까지 차올라 강한 의지와 용기에 한계를 느꼈는지도 모른다.

매번 신세 지는 것도 염치도 없거니와 무거운 함지를

이고 다니며 무시받는 일로 자신감도, 자존심도, 자존감 마저도 바닥으로 떨어졌다. 그리고는 가까운 지인들마저 알게 되어 더 이상은 함지를 이고, 일어날 자신이 없었다. 그렇게 이고 다니는 장사는 그 길로 접게 되었고 다른 일을 찾아보던 중에 웨딩드레스 만드는 일과 분필 케이스 사업을 하게 되었다. 지금도 나는 결코, 쓰러지지 않고 일어서는 민들레라고 친구들이 부르곤 한다. 살아가는 과정이 누구든지 녹록하지 않다고 하나 고생 한 번 하지 않던 내가 시집와 남편의 사업 실패로 온갖 수모를 겪어 가며 살아내야 했던 이유는 단 하나, 책임지고 지켜내야 할 아이들이 있었기에 가능하다고 생각했다. 다시 한번 그 시절로 돌아간다 해도 나는 내가 책임질 수 있는 아이들이 있다면 그 일을 주저 없이 할 수 있을 것 같다. 그렇게 나는 장사꾼으로 다시 돌아갈 수 있다.

지금도 나는 지속하기 어려운 일을 만날 때 항상 이런 생각을 한다. 직선으로 달려가는 사람은 그리 많지 않다고, 세상에는 가끔 노력만으로도 안 되는 일이 있다. 그러나 만만하지 않은 인생도, 쉽지만 않은 세상도 고난을 극복할 기회가 주어진다고 생각한다. 우회적으로 돌아가든 한 발 짝 뒤로 다시 물러나도 조금씩 성장하는 모습을 보게 된다면 불행을 행복으로 바꾸는 놀라운 힘이 생기게 된다고 믿는다. 아이들아! 엄마는 장사꾼이었다. 생선 장사를 하며 살아왔다. 그러나 아이들아! 엄마는 부끄럽게 살지 않았단다. 그래서 너희에게 더 당당한 엄마로 살아갈 수 있었다. 그리고 아이들아! 평범하게 자라주어 고맙고, 건강하게 자라주어 고맙다. 세상을 위해 주변을 둘러보고 어려운 사람을 보면 그냥 지나치지 말고 부족하지만 작은 일이라도 도움이 되는 사람으로 살아가길 바란다.

이웃사촌

세월의 변화에 따라서 주거의 환경문화도 달라진 것 같다. 단독 주택에서 살던 사람들도 지금은 아파트를 선호한다. 그러나 어떤 사람들은 말하기를 아파트는 창살(窓殺) 없는 감옥(監獄)이라고도 말한다. 하지만 나는 꼭 그렇지만 않은 것 같다.

나도 한때는 단독 주택에 살았다. 그런데 아이들이 아무래도 연세가 있으니 엄마가 편안하게 살 수 있는 아파트로 가자고 하여 단독 주택을 처분하고 아파트로 이사하게 되었다. 그러던 어느 날, 아파트 사람들이 하는 반상회에 참석하게 되었다. 우리 동은 총 50세대 중 40여 명이 모이게 되었다.

약간의 음료와 과일이 준비되어 있었고 반장의 설명이 있었다. 아파트 부녀회가 잘 되어서 모아 놓은 적립금이 넉넉하니 60세 이상 노인들에게 관광도 보내드리고 뷔페로 식사 준비를 해드린다고 하였다. 고맙지만 나는 그 대상에서 제외해 달라고 정중하게 거절을 했다. 나 대신 다른 분이 한 분이라도 더 혜택을 보게 하는 게 좋을 것 같다고 말했다.

그리고는 다음 반상회는 우리 집에서 열겠다고 약속을 했다. 새로 이사도 왔고 같은 아파트 지인들에게 부족하지만, 다과를 대접하고 싶었다. 약속했던 날이 다가오자 집들이 겸 반상회가 되어 과일과 음료와 떡을 푸짐하게 준비했다. 40여 명 정도가 참석하여 맛있게 먹고는 잘 먹었다고 고맙다고 하고는 돌아갔다. 그 이후로 서로가 친분이 쌓여서 반상회가 끝나면 노래방에 가서 여흥을 즐겼다.

어찌나 노래를 다들 잘하는지 가수 뺨을 칠 정도다. 두 시간을 넘도록 놀아도 청산유수(青山流水)와 같은 멜로디는 듣기만 해도 경쾌하여 스트레스가 해소되었다. 구수하게 부르는 노래를 듣다 보니 나는 그동안 노래도 못하

고 왜 바보같이 살았는지 혼자서 자문자답을 하며 피식 웃기도 했다. 우리 이웃들의 훈풍이 내게 불어왔다.

경상도 동생뻘 되는 분은 "부산 시댁에서 사과 한 짝 샀어예, 반 짝 가져왔다. 할매 묵어봐라" 하고 또 전라도 동생은 "김치 맛나게 담았어라우 묵어봐라잉" 하고 며칠이 지나면 "아지매, 팥죽 써왔다 맛있게 잡수소" 하고 "언니 우리 신랑이 낚시터에서 미나리 따왔어 농가 묵제" "오이 소박이 담아왔어유" 인정이 넘쳐났다. 고맙다는 인사와 함께 담아온 그릇에 무엇이든 나도 채워서 나누는 동안 둥글둥글한 웃음과 마음이 오고 갔다.

이렇게 정감이 흐르는 뜰에서 살아서 그런지 경비 아저씨도 친절하다. "날씨가 추워요" "옷 따뜻하게 입으세요. 감기 조심하세요." 등 당부의 말을 건넨다. 시력이 안 좋아 사람을 못 알아볼 때도 아주머니, 언니야, 친구야 하고 불러주는 정이 넘치는 우리 이웃들 재미나게 살아가며 서로를 잘 챙겨주는 우정아파트다. 이렇게 살아도 아파트가 창살 없는 감옥인가, 하고 돌아본다. 서로 마음의 문을 열고 가까이하고 지내면 고향처럼 훈훈해지는 아파트 문화가 될 것이다.

생과 사

30여 년 전이다. 사근동 시장 골목에서 살던 시절이었다. 옆집에 사는 부부는 혼인신고도 하지 않고 살고 있다가 아이를 출산했다. 그런데 선천적으로 소아마비를 지닌 아이를 낳았다. 두 내외는 물심양면으로 2년 동안 아이를 살리려고 고생을 많이 했음에도 불구하고 아이와 부모는 인연이 아니었는지 끝내 초겨울 바람 찬 날 아주 짧은 생을 살다 떠나버렸다. 부부는 나를 찾아와 아기가 죽었다고 말하면서 이제 어떻게 하면 되느냐고 꺼이꺼이 울면서 대성통곡을 했다. 어떤 생명은 태어나서 수명을 다하고 가는데, 이 어린 생명은 배냇저고리를 떼자마자 짧은 생을 살고 가버렸다.

운명(運命)은 각각이므로 어쩔 수가 없는 것인가, 나는 어린 부부가 안쓰러워 정성을 다해서 아이를 알코올로 소

독하고 새 옷으로 갈아입히고는 관도 아닌 벽시계 박스에 담아 부부에게 건네주며 날이 저물면 양지바른 산에다 묻어주라고 했다. 지금은 모든 아이가 현대의학의 발전으로 미리미리 예방도 하고 접종도 해서 도움을 받지 못하고 죽는 일이 거의 없지만, 그때만 해도 어려운 환경에 태어난 아이들이 부모의 재정적 부족함으로 명을 다하지 못하고 죽는 아이들이 많던 시절이었다.

그 아기도 출생신고가 되어있지 않아 비공식으로 해야만 했다. 그렇다. 그 시절에는 아이들이 태어나면 출생신고를 늦게 하여 제 나이보다 어리게 호적에 기록되기도 했다. 참 어려운 시절이었다. 부부는 시장에서 막일하는 분께 부탁하여 천호동으로 가서 "강에다 몰래 버리고 오면 누가 알겠어요?" 하며 나보고 어렵겠지만 어린것의 넋을 달래 달라고 하는데, 나는 이러지도 못하고 저러지도 못하는 마음으로 정말 아무 결정을 내릴 수가 없었다. 그때 돈 5천 원을 가지고 와서는 통사정을 하며 "불쌍한 우리 아기 어떻게 해요, 우리는 도저히 눈 뜨고는 볼 수 없어 못가요." 하면서 울어대는 것이다. 대략 난감하였다.

계절은 11월 중순이었다. 저녁 여섯 시쯤 땅거미가 내려앉고 날씨마저 그날따라 우박도 쏟아지고 매우 추웠다.

부부의 간절한 부탁에 어려운 상황을 보면 스치고 지나가지 못하는 나는 외투를 갈아입고 집을 나섰다. 아기가 들어있는 시계 박스를 들고 사근동에서 왕십리로 가서 165번 버스를 타고 교문리를 넘어 금곡으로 가는 버스를 탔다. 차를 타고 걱정 반, 슬픔 반, 조마조마한 마음마저 겹쳐 어두운 창밖을 바라보고 있는데 검문소에서 경찰이 오르더니 하필이면 내 앞에 서 있는 것이다. 가슴이 두근거렸다. 추운 겨울인데도 등에서 땀이 날 정도로 긴장을 하고 있었다.

물건 박스라면 아무렇지도 않을 일이었다. 나는 미리 겁을 집어먹고 "이거 뭐에요?" 할까 봐 걱정을 태산같이 하고 있는데 다행히 망우리에서 경찰은 내렸다. 십 년 감수했다는 말이 무엇인지 그때야 제대로 실감했다. "어휴 살았다." 하며 깊이 숨을 들이마시고 안도하고는 교문리에 내려 새마을이란 마을을 찾아갔다. 그곳에 아는 지인이 살고 있어 도와달라는 생각을 가지고 그 댁으로 서둘러 발길을 옮겼던 것이다. 아이가 담긴 시계 박스를 텃밭에 조심스럽게 내려놓고는 지인께 사정 이야기를 하는데 깜짝 놀라며 빨리 나가라고 몰아세워 나를 내보내는 것이다. 이게 어디 쉽게 이루어질 일인가, 나는 숨을 잠깐 돌

리고 죽은 아기를 안고 이 노릇을 어찌하나 생각하고 또 생각했다.

그때 마침 번개처럼 스치는 지인의 남편이 생각났다. 그분은 강냉이 장사를 하는데 하루에 8백 원 정도 수입이 있다는 소리를 들은 적이 있어서 그 댁을 찾아갔다. 시간은 점점 어두워지고 어서 빨리 아이를 잘 보내야만 했기에 사정을 이야기했다. 나는 5천 원을 앞에다 내밀고는 "정말 미안합니다, 이 어렵고 딱한 사정을 헤아려 주시고 수고 좀 해주면 안 되겠습니까." 하며 간곡하게 부탁을 하고 또 했다. 그 아저씨는 괭이와 삽을 가지고 나섰고 나는 아이를 안고 뒤를 따라갔다. 어두운 산을 오르다 덩굴나무에 걸려 넘어지기를 몇 번씩 했다. 겨울 추위에 땀을 뻘뻘 흘려가며 거친 숨을 몰아쉬고 올라가다가, 나는 멈춰서서 그분에게 여기가 판판하고 좋은 곳 같다고 "여기다 묻읍시다." 하니 이 산 임자는 가까이 살아서 더 올라가야 해야 한다며 안 된다는 것이다. 그분의 말을 따라 산 두 고개를 넘어서서 겨우 좋은 곳에 묘를 쓰게 되었다.

아이를 땅에 묻기 전 시계 박스를 확인했다. 얼마나 산 위로 올라왔으면 아이가 머리와 다리 위치가 바뀌어 있었다. 박스 안에서 몸이 이리저리 구른 것 같다. 세상에나! 확인한 게 얼마나 다행이었는지, 지혜롭게 잘 묘를 써주고 추울까 봐 잔디를 떠서 입혀주었다. 그리고는 마지막 떠나는 길에 고개를 숙이며 이 세상 태어나서 햇빛도 보지 못하고, 아빠 엄마도 한 번 불러 보지 못한 그 수자에게 좋은 곳에 가서 건강한 몸으로 다시 태어나기를 기원했다. 착잡한 마음으로 산을 등지고 내려와 집에 돌아오니 밤 10시가 넘었다. 그때 나는 내가 한 일이 잘한 일인지, 잘못한 일인지도 판단할 새도 없었다. 아이를 잃고 통곡을 하는 부부의 긴급한 상황을 도와줘야겠다는 생각이 든 것은, 부디 더 이상 아픈 일이 없기를 바라는 마음으로 누구도 쉽게 나설 수 없는 어려운 일을 했던 것 같다. 그것이 그분들의 아픔을 조금이나마 위로하는 마음이고 어려운 이웃을 도와주는 마음이라면 그 또한 내 일이었으리라 생각한다.

그 후에도 나는 농협에 다니던 직원이 사망했을 때도 그 장례식을 내 손으로 다 치렀고, 오갈 데 없는 할머니를 9년 정도 모시다가 그분의 마지막도 내 손으로 장례식을 치렀다. 홀시아버지 역시 19년을 모시고 장례를 치렀고, 내가 난 아이를 45일 만에 보내는 일도 내 손으로 장례를

치렀다. 이렇게 나는 살면서 다섯 번의 장례를 치렀다. 많지도 않은 나이에 어려운 이웃, 갈 곳 없는 노인을 거두고 마지막까지 지켰으며, 시아버님, 가슴에 묻은 내 아이까지 그 모든 장례는 내 손을 다 거쳐 갔다. 모두 좋은 곳에 영면하기를 기원해 보면서 살아있는 사람들이 꿈과 희망을 품을 수 있고 아픔이 없다면 이렇게 누군가를 위해서 도와주고 살아가고 싶다. 이렇게 늙어 가는 것도 아름다운 노년이 아닐까 생각하면서….

머리가 하얀 할머니

할머니는 젊었을 때 약을 잘못 먹어서 머리가 희어졌다고 한다. 할머니는 경상남도 진주가 고향이라고 하시며 일제강점기 때 남편과 자식을 잃고 일본에 끌려가 가정부로 살다가 오셨다고 하시며, 한국에 다시 돌아와서도 또 가정부 일을 했다고 한다. 남의 집 허드렛일을 해주고 받은 돈을 조카딸에게 맡겼는데 그것이 잘못되어 한 푼도 없는 상태로 오갈 데가 없다고 했다.

그러던 중 어느 날, 그 할머니가 우리 집에 오셨다. 며칠

만 있다가 가게 해달라고 사정하며 딱한 사정을 얘기하는데 어려서부터 어려운 사람을 보고는 그냥 지나치지 못하는 성품 때문에 거절도 못 했다. 단, 우리도 사업 실패로 먹고사는 게 변변치 않아 제대로 먹을거리도 없고 궁색하기 짝이 없는데 그래도 우리 집에 며칠 머물다 가시겠냐고 했더니 1시간 후 집채처럼 큰 이불이며 옷과 짐을 이고, 들어오시는 것이다. 나의 오지랖은 객을 하나 더 들여 가족처럼 살게 되는 상황을 만들고 말았다.

그렇게 할머니와 함께 살게 되었다. 딱해서 며칠만 있게 해달라던 할머니와 나의 동거는 9년 동안 이어졌다. 같이 사는 동안 죽을힘을 다해 열심히 살아온 결과 나는 형편이 좀 나아져 집을 한 칸 마련하게 되었다. 9년을 함께 산 할머니도 가족과 다름이 없다고 생각하여 새로 산 집에 방 한 칸을 내어드렸더니 대전에서 온 친구분은 한 달씩 계시다 가고 할머니들이 모이는 아지트가 되었다. 겨울이면 김장을 하면 배추 100포기 총각무 50포기를 한 적도 있다. 학교(學校)가 바로 집 뒤에 있어서 아이들은 수업이 끝나면 친구들을 집에 데려와 라면을 끓여 먹었다. 먹성이 좋은 아이들이 매일 집에 들러 먹어대니 1년에 고춧가루를 150근을 먹은 적이 있다. 앞집에 네 식구

사는 새댁이 하는 말이 자기네는 5근으로 1년을 보낸다며 오죽하면 날 더러 고춧가루로 죽을 쒀서 먹느냐는 소리까지 들었다.

그러나 사람 사는 훈기가 돌았고 따뜻했고 즐거웠다. 베푸는 일만큼 좋은 일은 없는 것 같다. 할머니 친구며, 아이들 친구들이 집안에 북적거리는 게 훈훈해서 인간의 향수라고 할까, 그때 비하면 지금은 너무 달라 적적할 때가 많다. 그 시절이 그리워지고 할머니가 보고플 때가 종종 있다. 우리 아이들은 할머니를 자기 할머니처럼 많이 좋아하고 "오래 살아주세요."라고 살갑게 대하고 따랐다.

물론 나도 사람인지라 피도 섞이지 않은 생판 남을 어른으로 모신다는 게 쉬운 일도 아니고 부담이 될 때도 있었다. 내가 거느린 식솔만으로도 버거운 시절에 오갈 데 없는 할머니를 모시게 됐으니 말이다. 어느 날은 동사무소에서 "아차산 기슭에 할머니가 거주할 수 있는 무주택이 마련되었으니 이사 가세요."라며 권하는데도 할머니는 막무가내로 싫다고 하시며 집만 있으면 무얼 하느냐며 안 가신다고 하여 모시게 된 게 9년이었다. 가끔 "할머니 연세가 얼마나 되세요?"라고 물어보면 어느 날은 80세라 했다가 어느 날은 85세라고 했다. 물어볼 때마다 나이가 달

랐다. 그래도 나는 할머니와 인연을 업으로 생각하고 모시게 되었고 이런저런 정을 쌓아가며 할머니를 전심을 다해 가족처럼 대하며 살아왔다.

그런 어느 날, 할머니는 화장실에서 낙상 후 7일 동안 누워계셨다. 아무래도 예감이 안 좋았다. 나는 서둘러 할머니 종씨인 장 언니를 불러서 함께 목욕을 시켜드린 후 새 옷을 갈아 입혀드렸다. 예감은 빗나가지 않았다. 잠시 후 할머니는 조용히 숨을 거두고 생을 마감하셨다. 사망 후 사망신고를 하러 동사무소에 갔더니 할머니 실제 나이는 95세였다. 평소에 마음이 착해 그리 고생하지 않고 운명(運命)을 곱게 하신 것 같다. 3일 장을 집에서 치르고 남편은 할머니 친구분들과 화장터에 함께 가서 화장하고 유골을 모시고 집으로 와 그날 삼우제를 지냈다. 그리고 할머니 유골은 산에다 강에다 훨훨 뿌려주었다. 그 일을 군소리 없이 다 해준 남편이 정말 고마웠다. 그 당시 장례 비용만 백만 원이 들었다. 적은 돈이 아니었지만, 가족 같이 살다 떠나가신 할머니에게 그 돈은 중요하지 않았다. 부디 좋은 곳으로 가셔서 못다 한 가족과의 인연을 맺어 행복하기만을 기도했다.

이후 웨딩드레스 사업이 너무 잘 되었다. 주변 사람들이 말하기를, 좋은 일을 많이 해서 복을 받아 사업이 잘 된다고 서로 주고받는 말들을 들었다. 듣기 싫은 말은 아니다. 그러나 내게 무슨 이득이 있어 그 어려운 일을 했을까, 오로지 오갈 데 없는 노인을 거두어 함께 가족처럼 보낸 것은 어려운 이웃을 나 몰라라 하지 말라는 아버님의 가르침을 잊지 않았던 것뿐, 그런들 어떠랴 저런들 어떠랴! 내 마음이 이리도 편하고 좋은 것을, 나는 지금도 할머니 기일을 챙기며 정성껏 음식을 만들어 제사를 지내드린다. 제사를 지낼 때마다 술잔에 술을 한 잔 부어드리면서 '곱고 착한 할머니 좋은 세상으로 영면(永眠)하시기를 두 손 모아 기원합니다.'라고 매년 인사를 드린다.

오빠

통증

잊힌 줄 알았던
이름 석 자가 창문에 아른거린다.
서쪽 하늘 붉은빛 가슴

적막을 남기고 떠나간
마지막 기차
다시 돌아오지 않는다며
하얀 손을 흔들고
짧은 순간 다 피기도 전에
남기고 간 흔적들은
지금도 내 가슴 깊은 곳에
치유되지 않은 염증으로 남아있다.

나의 부모님은 자식이 11남매였다. 그러나 그 많은 자식을 모두 품에 안은 것은 아니다. 8남매를 땅이 아닌 가슴에 묻고, 남은 형제들을 금이야 옥이야 길렀다. 특히 아들인 오빠한테는 유독 사랑이 많은 것이 우리 가문의 독자였기 때문이었다. 이 세상에 둘도 없는 보배라 여기시며 도시로 유학을 보내고는 늘 걱정이 되어 아버지는 땔감, 쌀, 찬 거리 등을 발동기 연락선에 실어 오빠에게 다녀오셨다. 그때는 모터로 가는 배가 없어 발동기 연락선이 유일한 육지로 나가는 이동수단이었다. 매번 아버지의 자식 사랑은 연락선에 태워졌고 아버지는 아들을 보기 위해 수시로 육지로 향했다. 그러던 어느 날, 나는 아버지에게 이번에는 오빠에게 내가 가겠다고 배에다 실어만 달라고 졸라댔다. 아버지는 걱정이 되어 안 된다고 하셨지만 나는 자신이 있었다. 아버지를 설득하고 신신당부를 잊지 않으며 나는 발동기 연락선에 올라앉았다.

목포(木布) 항구까지는 3시간이 걸렸다. 항구에 도착하니 배에서 내린 짐들을 운반해주는 지게꾼 아저씨들이 줄지어 대기하고 서 있었다. 주소만 알려주면 물건을 다 챙겨서 지게에 싣고 가줬는데 나는 아저씨 지게 발통을 낯선 도시와 사람들에 대한 두려움에 꼭 잡고 졸졸 따라갔

다. 내가 어찌나 아저씨를 잡고 늘어졌는지 아저씨가 "아이야, 놓아라잉, 힘들다잉, 도망가지 않는다잉, 오메 죽겠다잉"을 반복하여도 아저씨가 하는 말은 아랑곳없이 더 단단히 지게 다리를 붙잡고 40~50분 거리를 목포 앞 선창에서 오빠 집까지 따라갔다.

오빠가 하숙하고 있는 집은 바로 언니 집이다. 언니와 오빠는 깜짝 놀라며 열한 살 아이가 지게꾼 아저씨랑 나타나니 눈이 동그래져 이게 웬일이냐고 하며, 부모님께 너무 어린애를 이렇게 먼길을 보내 뭔 일이 생기면 어떡하느냐고 걱정을 늘어놓기에 "아따 그만해, 나 짐은 잘 챙겨서 아저씨랑 잘 왔어라유." 하니 아저씨 하는 말이 짐도 무거운데 지게 발통을 한사코 안 놔주어 힘들어 죽을 뻔했다고 푸념을 늘어놓았다. 오빠는 미안해하기도 하고 아이를 잘 데리고 온 아저씨에게 고맙다고 하며 정해진 품삯 외에 몇 푼을 더 얹어주었다. 언니 오빠는 연신 미안하다는 인사를 하였다. 그런데 아저씨는 그렇게 고생을 했는데도 "아가야 다음에 또 오면 나를 찾아라. 내 얼굴에 점이 있지, 잘 봐 두어라." 하고 떠났다. 아마도 아저씨의 푸념 몇 마디에 품삯을 더 받을 수 있어 기분이 좋았던 모양이다.

나는 귀엽게 자라 부모, 오빠, 언니에게 사랑을 듬뿍 받고 자랐지만, 너무 일찍 철이 들어 온갖 심부름을 다 했다. 어려서부터 부모님 말씀이라면 말대꾸 없이 일을 도왔기에 부모님도 대견하게 생각하고, 야무지고, 똑똑하여 어떤 일을 맡겨도 잘하리라 생각하셨던 것이다. 몇 년 후 오빠는 논산훈련소에 군인으로 입대하게 되어 아버지를 따라 면회를 갔다가 왔다. 그다음에는 나 혼자 갈 수 있을 것 같다고 하며 면회 가게 해 달라고 졸라 또 허락을 겨우 받아냈다. 아버지의 당부로 허리에다 돈을 감고 완행열차를 탔는데, 소매치기들이 돈 냄새를 맡았을까 봐 허리춤을 더듬으며 그 열차 칸을 피해서 옮겨 다녔다. 자칫 방심하면 소매치기를 당하는 건 예전에는 허다하던 시절이었다. 긴장을 풀지 않은 덕에 무사히 논산역에 도착했다. 면회 접수 후, 오빠를 만나 고깃집에서 허리에 맨 돈뭉치를 풀러 식대를 계산하고 나머지는 오빠에게 주고 제한된 시간에 열차에 올랐다. 오빠는 눈물을 흘리며 내 머리를 쓰다듬고 "동생아 조심해 잘 가!" 하며 달리는 기차가 시야(時夜)에서 멀어질 때까지 두 손을 흔들어 줬다.

그렇게 오빠는 든든한 아버지 같은 분이셨는데 군에서 보초를 서다 졸았다고 대장으로부터 구타를 당해 복막염

에 폐결핵으로 군 병원에 입원했다. 그 후 민간 병원에서 치료받다가 그 많은 재산을 병원비로 다 탕진하고 딸 하나 남기고 그만 세상을 떠나고 말았다. 그래서 나는 군대에 대한 트라우마가 있는 군대 이야기, 기차 소리만 들으면 오빠 생각이 나서 마음이 서글퍼지고 가슴이 찢어지도록 아프다. 그리운 오빠에 대한 추억이 생각나고 보고 싶어서, 요즘은 군에서 구타도 많이 줄었다고는 하나 아직도 조직 생활에서 피해를 보는 군인들이 있는 것 같아 안타까운 일이 종종 뉴스에 나오면 가슴이 저리다. 재발 방지를 위해 우리 오빠처럼 안타깝게 세상을 떠나는 젊은이가 없기를 바란다. 나라를 위해 국방의 의무를 다하는 청년들에게 다른 어떤 조직보다 더 배려가 있길 바라는 마음이다. 오늘은 오빠 생각이 유난히 나는 날이다. 오빠 얼굴이 저 달 위에 얹어진다. 그립다. 오빠의 딸이 아버지 없이 잘 살고 있는 것에 오빠를 대신해 고맙고 미안하다고 언제나 밝고 건강하게 살기를 바란다고 말해 주고 싶다.

사근동

얼마 전이다. “시 낭송 초청”으로 다녀오는 길에 예전에 살았던 사근동 시장을 돌아보다 보니 지나간 영상들이 주마등처럼 지나간다. 남편은 공직생활을 가지고 있으면서 평생을 의식주 걱정 없이 살아갈 직장을 한순간의 잘못된 결정에 직장을 그만두고 부모님이 물려주신 유산도 다 팔아버렸다. 사업 실패로 부모님의 고생은 말할 것도 없었고, 나는 불치의 병마로 삼 년이란 세월을 병상에서 생사(生死)를 넘나들었다. 그러나 가족이란 울타리가 있기에 희망(希望)을 잃지 않고 버티며 견디어 왔다.

홀 시아버님과 오 남매 아이들의 땟거리가 없을 정도로 의식주의 어려움에 운명(運命)이 묶여있을 때가 생각난다. 공동수도에 물통을 받으려면 몇 시간씩 줄을 서서 받아야 하는데, 나의 둘째 딸은 그 물을 받아다가 치매가 있는 할아버지를 삼 년 동안 목욕시키고 옷을 빨아 입혔다. 어려서부터 고생만 하던 딸아이가 엄마 병간호까지 했던 일이 생각이 나서 마음이 저며 온다. 그때 당시 시장 안에 있던 천막집은 가구당 4명에 다락방이 2개씩 있어서 위아래로 쓰게 되었었는데, 하나는 시아버님이 쓰고 또 하나는 아이들이 쓰고 우리 부부는 아랫방을 쓰게 되었다. 어떤 날은 연탄불이 꺼져 아침밥을 짓지 못하게 되는 날도 있었다. 그런 날이면 나를 옆에서 정성으로 돌봐주던 지인 집으로 밥을 지으러 가곤 했다. 하루는 불을 얻어 밥을 지으려고 쌀을 가지고 가다가 징검다리에서 넘어지고 말았다. 개천에서 발을 헛디뎌 쌀을 모두 쏟고 말았다. 쌀은 개천에 흩어지고 물에 빠졌다. 쏟아진 쌀을 겨우 한 줌 주워 담아 밥을 지어 시아버님께 드리고 나니 아이들 밥이 없어 굶겨야만 했다.

삶은 늘 불안정했다. 미래가 보이지 않을 정도로, 그나마 인심을 잃지 않고 살았는지 다행인 건 생활고에 시달렸던 시절에도 이웃들이 좋아 아버님께 고기와 술, 담배 등을 자주 사다 주고 부모님 모시며 힘들게 살아간다고 많은 도움을 주셨다. 지금도 생각하면 그분들이 그저 고맙고 말할 수 없이 그지없다. 그 상황에서 나는 그분들께 보답할 수 있는 것은 아무것도 없었고 감사하는 마음을 담아 일로서 보답을 했다. 고향처럼 지켜주던 주위 분들이고 고향처럼 품어주던 삶의 징검다리였다. 돌아보면 세상 시름 힘들었던 군상들의 도토리 키 재기의 생활이었다. 사라진 시간의 기억 조각들에 마음이 또 먹먹해진다. 세상은 아날로그에서 디지털 시대로 바뀌어 가는 시대에 누가 무어라 말하겠는가, 지나가 버린 시절(時節) 앞에

마침표를 찍고 이제는 추억으로 남아야 할 것들도 다 잊고 너무나 힘들었던 유통기간도 다 지워버리고 남은 삶은 건강을 잘 지키며 오 남매 아이들을 바라보면서 행복을 노래하고 싶다.

막걸리로 내 인생을 바꿨다

내 부모님은 아이들을 낳아 실패하다 보니 자식을 밖에 내보내면 혹시나 또 다칠까, 사고가 날까 염려가 되셔서 지금은 초등학교지만 그때 이름으로 국민학교도 안 보내 주셨다. 집에서 농사일을 돕는 것은 그저 옆에, 눈에 띄는 곳에 남은 자식들이 있어야 마음이 놓이는 것이다. 일꾼들을 데리고 모내기나 밭매기 때가 되면 몇십 명씩 사람들을 데리고 일을 하시는데 북한에서 온 도우미 아주머니와 같이 일꾼들 저녁 식사를 하라고 부모님은 준비를 해주고 들

로 나가셨다.

어느 날이다. 나는 도우미 아주머니께 참을 챙겨 들로 내보내며 "혼자도 잘할 수 있으니 들일을 도와주세요." 하고 아주머니를 들로 보내고 난 다음에 때는 이때다. 하고 항아리에 담아놓은 막걸리에 계획적으로 사카린을 타서 큰 바가지로 통째 다 마시고 정신을 잃고 쓰러졌다. 집에서 무슨 일이 일어났는지도 모르고 부모님은 밭일을 끝내고 일꾼들을 데리고 집에 들어와 보니 밥솥, 국솥도 다 비어있는 상태였다. 모든 일꾼이 밥도 먹지 못하고 집으로 돌아가면서 하는 말이 우리 식사가 문제가 아니라 이 댁에 막내딸 또 죽게 되었다고 걱정을 태산같이 하며 이번에는 별일 없어야 하는데 벌써 몇 번째야 모두 숨죽여 걱정했다고 한다. 그러니까 사실 이번이 처음이 아니었다.

부모님들은 밤새 의식이 없는 딸을 앞에 두고 벌벌 떨고 날만 새기를 학수고대하며 기다리다 먼동이 트자 이십리 길을, 그때는 시골에 자동차가 없어 걸어서 의사가 왕진을 다녔다. 아버지는 서둘러 의사를 데려왔다. 의사가 하는 말인즉슨, 죽을병이 아니고 술을 잔뜩 먹어서 심장이나 장 등 온 장기가 놀래 버렸다고 하며 2~3일이면 깨어날 거라고 너무 걱정하지 말라며 해독약만 제조해주고 가셨다. 오고 가는 데만 이 십리 길이니 그 의사도 정말 힘들었을 것이다.

역시 나는 3일 만에 정신이 들었다. 막걸리에서 깨어난 나는 역시 자작극을 매우 잘했다고 본인에게 칭찬했다. 학교에 안 보내주면 또 약을 먹고 죽을 거라고 협박했다. 지금 생각해 보면 참 맹랑했다. 학교가 가고 싶은 마음에 못 마시는 술을 마시고는 연극을 했으니 생각만 해도 웃음이 난다. 부모님은 다시는 그런 짓 하지 말라며 당장 학교에 가자고 하셨다. 나는 하늘을 나는 마음으로 어머니를 따라서 초등학교를 찾아갔다. 마침, 학교 교장 선생님이 어머니 친정 조카였다. 그 교장 선생님의 아드님은 현재 서울대 부이사장으로 있다. 그때 교장 선생님은 깜짝 놀라 고모님 아이를 왜 이제야 학교에 다니게 한 거냐고 어머님을 나무랐다.

교장 선생님은 내게 3, 4, 5학년 교과서를 앞에 놓고 읽기, 쓰기, 셈법, 구구법을 해 보라고 하셨다. 나의 수준을 가늠하여 학년을 배정시켜 주려고 그런 것이다. 선생님은 내가 5학년 편입도 가능하지만 4학년으로 편입을 시켜준다고 했다. 4학년 반 번호는 94번이있다. 그때는 교실 하나에 아이들이 100명 가까이인 콩나물시루 그 자체였다. 내 학급에 번호인 94번까지 다 부르다 보면 코 골고 자는

학우도 있었다. 번호가 94번이든, 1000번이던 나는 그저 기쁘기만 했다.

사실 학생 수는 더 많았는데 학교 다니다가 다수는 시집을 갔다. 그렇게 학업을 마치는 애들도 있었다. 또, 나는 아주머니나 처녀들을 가르치는 야학당에 부모님 몰래 다녔다. 더 많은 것이 배우고 싶어 열심히 공부했다. 시험을 보면 늘 100점을 받아 언니들의 질투심에 꼬집히고, 맞기도 했다. 언니들은 가장 힘센 친구와 씨름도 하라고 시켰다. 나는 몸이 약해서 질질 끌려다니면서도 부모님께 말도 못 했다. 알게 되면 서로 의리도 상하고 공부하는 게 탄로 나면 야학을 못 다닐까 봐 꾹 참으면서 몇 개월 동안 버텼다.

게다가 바닷가를 끼고 사는데 인공 때 바다에다 던져버린 사람이 죽어서 도깨비가 자주 나타난다고 했다. 천오백 미터 길을 친구랑 둘이 다녔다. 그날도 도깨비가 나와서 북, 장구 치는 소리에 도망치다 책보자기를 떨어뜨렸는데도 걸음아 나 살려라! 하고 집으로 도망을 쳤다. 그리고 다음 날 아침에 가서 책보자기를 찾아 가져온 뒤로는 친구는 무섭다고 다시는 안 간다고 하여 나 혼자 다녔었다. 그게 도깨비라고만 믿었던 어린 시절이었다. 그렇게나마 기초를 배운 게 전화위복(轉禍爲福)되어 초등학교

생활을 원만하게 했고 문예부 활동에서 우수상을 몇 번 받았던 게 씨앗이 되어 지금의 문학 활동에 원동력이 된 것 같다.

그때 학교생활은 선생님들로부터 사랑받고 학우들과도 친하게 참 잘 지냈다. 3년 만에 초등학교 생활을 마치게 되었다. 졸업식에서는 남자 급장은 도지사상을 나는 교육감상을 받았다. 어머니는 그걸 보시고 춤을 덩실덩실 추셨다. 나는 내가 대견스럽기도 하고 부모님께 자랑할 만한 딸이 된 것에 대해 정말 만족했다. 막걸리를 수시로 마셔가면서 초등학교에 기필코 진학하게 된 나의 오기와 열정에 자신감은 날로 하늘을 찌를 정도였다. 그러나 모든 일에는 호사다마(好事多魔)라고 했던가, 안타깝게도 아버지가 혈압으로 세상을 떠나시게 되었다. 나로서는 청천벽력이었다. 결국, 나는 중학교 진학을 포기해야 했지만, 항상 마음속으로 다짐했다. 언젠가는 공부하여 정치나 문학을 꼭 하고 말 것이라고 다짐했다. 꿈은 컸지만 이루지 못한 한이 늘 마음속에 있었다.

아현동에서 웨딩드레스 사업을 정리하고 63세에 중학교에 입학하기 위해 고향에 있는 초등학교에 전화했더니

축하한다며 졸업장을 금방 보내줘서 청암중·고등학교에 입학했고, 졸업한 뒤에는 방송대에 입학해서 지금의 문학생활에 부족함이 많지만, 전국적으로 활동하고 있다. 어려서 많은 자식을 잃고 노심초사 자식 건강만 염려하던 부모님 마음을 헤아리지 못하고 고집을 피웠던 일이 내내 죄송스럽지만 배움은 언제나, 누구에게나 기회가 있어야 한다고 생각한다. 아마도 고인이 되신 아버지도 기특하다고 대견해 하실 것이다. 지금 같은 교육의 시대가 올 줄 알았으면 그렇게까지 하지 않았을 텐데, 이제는 열린 교육 시대이고 마음만 있으면 얼마든지 배울 수 있는 참교육의 정책이 그저 고맙기만 하다. 청암중, 고등학교 선생님들, 정명례 선배님! 학교 달뜨는 교실에 작가로 뽑아주시어 학교에서 잘 놀다가 졸업하였습니다.

고맙습니다.
사랑합니다.
아현동에서…

고향 친구

암태면 섬마을에서 태어난 우리는 바다 건너 천 리 길이라는, 멀고도 먼 도시로 새로운 꿈을 하나씩 품에 안고 두근대고 설레는 마음으로 서울로 상경했다. 그중 고향 친구 B는 은행에 다니는 남편을 만나서 결혼생활이 풍요로웠으며 무척 행복해했다. 친구의 행복은 곧 내게도 큰 기쁨이었다. 고향 친구가 남편을 잘 만나 타향에서 잘 산다는 게 얼마나 큰 자랑인지, 나는 친구의 결혼생활이 그 누구보다 더 평범하고 안정적이길 바라보면서 친구의 울

타리는 아주 튼튼한 울타리가 되길 바랐다.

늘 양적으로나 질적으로 만족하며 살아갈 것만 같던 친구는 어느 날, 홀시어머니와 아이들 4남매를 남기고 남편이 먼저 세상을 떠나고 말았다. 출근 시간이 되어도 일어나지 않아 깨우니 이미 숨이 멎은 상태였다고 한다. 청천벽력 같은 날벼락에 장례식장에서는 모든 가족 친척들이 꺼이꺼이 목 놓아 슬피 울어도 친구는 너무나 기가 막혀서 눈물 한 방울 흘리지 못했다. 너무 슬프면 눈물도 나오지 않는다는 말은 사실이었다. 반쯤 혼이 나간 상태로 남편을 보내야만 했던 친구는 노부모와 저 어린 자식들과 어떻게 살아가야 할 것인지, 그 생각에 앞이 캄캄하고 걱정이 태산이었다고 한다.

남편 장례를 치르고 친구는 남은 가족을 부양해야 하는 처지라 마냥 슬퍼하고 쓰러져 있을 수 없다고 하더니 몇 달이 지나서 지인들과 상의 후, 야쿠르트 장사를 해 보라는 말에 무엇이든 지푸라기라도 잡아야겠다는 심정으로 달려들어 장사를 시작했다. 하지만 장사에 경험이 없던 친구는 생각대로 되지 않아 그 일을 포기하고는 지인이 추천한 찻집을 해 보라는 이야기에 용기를 내서 시작했다. 직업에 귀천이 따로 있냐는 생각으로 시작했다. 친구의 강한 의지를 포함해 사교성이 좋은 친구네 가게는 손님이 제법 많아 북적거렸다. 친구는 아주 성실하게 가게를 잘 꾸려나갔다. 자식을 잃고 홀로 되신 어머님을 지극정성 모시고 4남매 자식을 훌륭하게 키워 아들을 세 손가락 안에 드는 대학교인 연세대를 보냈다. 최선을 다해 열심히 살아준 친구 모습이 아름답고 고마웠다.

친구의 딸은 여의도 순복음 교회에서 결혼식을 했다. 나는 웨딩드레스를 직접 가지고 가서 아버지 없이 반듯하게 자라준 친구의 예쁜 딸에게 가장 아름다운 드레스를 입혀주고 축하를 했다. 신랑 신부가 핑크빛 미래만 있으면 좋겠다고 말하면서 엄마 고생 잊지 말고 어려운 일 있으면 함께 도와가며 행복하라고 전했다. 친구와 나는 같은 동네인 북아현동에서 장사를 했다. 내 친구 가게는 내 드레스 가게 위쪽에 자리하고 나는 친구 가게 아래쪽에 있어 서로가 자주 볼 수 있었다.

그때 당시 내 웨딩홀은 우리 친구들의 아지트였다. 저녁이면 사업장을 정리하고 친구가 운영하는 찻집을 너덧 명이 몰려가 친구 가게 매상을 올려준다는 마음으로 매일 저녁 그곳에서 수다를 떨며 저녁 여가를 즐겼다. 하루는

이런 일이 있었다. 그 카페 홀에는 작은 쪽방이 하나 있는데 우리 친구 일행은 그날도 그 방에 들어가 고향 얘기며, 애들 얘기, 남편 얘기 등 이런저런 주제를 가지고 매일 사는 이야기를 나누고 있었는데. 그날은 그 시간에 어느 공무원이란 분이 찾아와 우리 팀과 합석을 하게 되었다. 친구 가게에 한 푼이라도 도움이 된다면야 하는 마음으로 많은 음식을 시켜 놓고 서로 통성명을 하며 신나게 건배를 하던 중이었다. 그날따라 하필이면 남편이 친구 부부를 데리고 가게로 왔다. 방문이 활짝 열린 후에야 친구들과 나는 아연실색을 하고 남편을 바라보았다.

가게에 전화해도 받지 않으니 당연히 친구 가게에 모여 놀고 있으리라고 생각하고 온 것이다. 남편은 우리가 낯선 사람과 건배하는 모습을 보고 펄쩍 뛰며 노하여 홀에 깔아놓은 테이블을 다 던져버렸다. 전등은 꺼지고 가게는 아수라장이 되고 말았다. 그 상황에도 그 손님이 걱정되어 쪽방 문 앞을 보니 그때까지 그분의 검정 구두가 남아 있었다. 나는 그분이 봉변을 당하기 전에 서둘러 도망가라고 신발을 전해주려고 갔더니 맨발로 몸만 빠져나가 버렸다. 그 사람 집은 친구 가게에서 100m 정도 떨어져 산다고 했는데 걸음아 나 살려라! 하고 도망간 것이다. 그리고 그 이튿날에 와서 신발은 찾아갔다고 했다.

그 후에 친구에게 들은 이야기인데 남편은 한순간에 화가 나서 그랬다며 음식값을 지급하고 미안하다며 사과를 했다고 한다. 나도 내 인생에 참 부끄러운 사고를 쳤다고 생각하면 지금도 비죽 웃음이 나온다. 친구야! 우리는 너를 그만큼 좋아하고 사랑한 죄로 그런 일이 있었던 것 알지, 그동안 고생했으니 많이 행복해야 한다 친구야! 지금도 그 이야기를 하면 늙어 주책이지만, 그 아저씨가 호박꽃들과 놀다가 맨발 신사가 된 것을 생각하면 다시는 그럴 일은 없겠지만 정말 웃음이 난다. 이 또한 추억의 한 페이지가 된 것이다.

면목동 계모임

지나간 세월이 너무 아쉬워 더듬어 보는데 20여 년 전에 일이 생각난다. 면목동에 사는 이웃들과 친목계 모임을 하게 되었다. 그때는 남편을 골목대장이라며 회장으로 선임하고 교회 집사를 총무로 정하였다. 부부동반으로 일곱 부부가 모이는 모임이었다. 남편들의 직업은 다양했다. 경찰, 구청 직원, 시청 직원, 동사무소 직원, 사무원, 슈퍼마켓 사장 등이었고 여자들은 서예가, 일수 하는 사람, 회사원도 있었고 나는 웨딩드레스 사업을 했다. 우리는 서로가 만나면 손수건이 준비되어 있어야 했다. 그만큼 배꼽 잡고 웃을 일이 많았었다.

다양한 직업도 직업이지만 출생지가 모두 달라 목포, 광주, 안동, 부산, 충청도, 강원도 각자 본인이 태어난 고향의 사투리를 쓰다 보면 우리는 웃느냐고 정신을 차리지 못할 정도였다. 거시기거시기, 빨리 왔어라우, 갔시유, 하므하므, 머라카노, 할배 할매, 저거 머꼬, 하다 보면 눈물이 펑펑 나온다. 너무 웃어 손수건이 없으면 옷소매에 닦기도 했다. 동서남북에 코미디가 모여 웃음거리를 풍자한 것 같다. 남편은 광산김씨다. 남편을 포함해 광주 아저씨, 안동 아줌마, 충청도 아줌마 이 네 사람이 모이면 광산김씨들은 본인의 김 씨가 임금인 왕손들을 9대나 가르쳤다고 자랑하며 약을 올리면서 우긴다. 그리고 나면 부산 아줌마, 안동 아저씨, 그리고 김해김씨인 우리는 김수로왕 자손이라고 서로 가문이 대단하다고 자랑을 한다.

서로가 자랑하고 이렇게 웃기는 이야기를 주고받다 보면 시간이 어찌 가는 줄도 모르는 사이에 자정이 넘기도 했다. 식당에 가서 음식을 사 먹으면 인원이 많아 음식값이 만만하지 않으니 그 돈으로 집에서 만들어 먹고 놀면 푸짐하게 먹을 수 있고, 자유로운 게 좋다고 하여 모임이 있을 때마다 서로 집집이 모여 흥을 돋우며 놀았다. 시간구애도 전혀 받을 일이 없었기에 늦은 시간까지 여흥을 즐겼다. 남자들은 안방에서 비디오를 보며 박장대소를 하고 여자들은 자식들 교육문제며, 하루의 수입 등의 이야기들로 주로 시간을 보냈다. 그러다 술을 한 잔씩 하면 노

래방에 가서 2~3시간을 놀아도 싫증이 나지 않을 정도로 유쾌하게 잘들 놀았다,

그렇게 두 달에 한 번씩 모였는데 헤어지기가 싫어서 얼싸안고 그동안 건강하게 있다가 또 만나자고 약속을 하고 돌아섰다. 그런데 사람 일은 모르는 일이며 자고 일어나 건강하게 살아있으면 고마운 일이라는데 그만, 시청에 근무하던 안동 아저씨가 폐암으로 세상을 떠났다. 그 즐거웠던 날들을 생각하면 너무나 황당하고 슬펐다. 그리고 몇 년 후다. 골목대장인 남편이 세상을 떠났다. 나를 혼자 남겨두고 간 것이다. 외국 여행까지 가서 노년을 더 의미있고 즐겁게 살자고 모임에서 의논을 모았는데, 남편마저 떠나고 말았다. 그렇게 모임에서 한 명, 두 명 가까운 사람들이 떠나고 말았다. 인생은 초로와 같고 풀잎의 이슬이라더니 즐거움도 잠시, 이제는 건강하게 안부만 전해도 반가움만으로 감사하며 살게 되는 나이가 되었다. 오늘은 서로의 사투리로 웃고 즐겼던 그 시간도 내가 살아온 시간에 소중한 추억이기에 잘 매만져 놓는다.

문예대학 후배들께

초록이 심장을 드러내는 아름다운 꽃들이었습니다.
노랑, 빨강, 초록, 하양 각색의 님들
이름만 들어도 가슴이 뛰는 청춘들의 봄이었습니다.

움츠러들다 말고 화창한 계절에 마음껏 피어나소서.
푸른 소나무처럼 바다처럼 싱그러운 님들

봄바람에 실려 부르고 싶은 노래를 마음껏 불러 보세요.
이름 모를 새들이 화음을 만들듯이 당신들도 만들어 보세요.

그동안 얼어붙은 삶을 토해내는 비명으로 몸을 풀고 나야 나! 메아리쳐보세요.

인류의 문학을 꿈꾸며 지혜로운 삶을 가져보시기 바랍니다.

문학의 전당(典當)에 마음을 함께하면 당신의 삶의 풍경(風景)이 달라질 것이며, 가정과 나라를 튼튼히 하고 아름다운 이상과 풍부한 열매를 맺게 될 것이고, 희열을 느끼며 상처나 잔혹 감도 경쾌하게 치유할 것이니, 당신들의 집에 온도는 언제나 봄날이 될 것입니다.

삶이란 파노라마 같은 드라마니, 지난날 힘들었던 추억도 오늘은 사랑이고, 내일은 희망(希望)이 식지 않기를 바랍니다.

여러분 꿈을 활짝 열어보세요.

문학은 숭고한 가치이고 벅찬 울림입니다.

배우는 동안에는 힘들고 어렵지만, 포기하지 마시고 굳은 결심으로 꼭 해내시고 로맨티시스트 되어 가장 멋스럽게 최고점에 다다르는 클라이맥스가 되길 바랍니다.

사람은 죽어도 예술은 살아남지요.

가장 위대한 것이 내가 나를 이겨내는 것입니다.

인간의 정신적 가치가 존중받는 사회로 나아갈 수 있는 밑바탕이 되는 창작의 텃밭이 되어 좋은 글 많이 써서 이 넓은 세상을 활짝 핀 꽃으로 수놓아주시기 바랍니다.

파이팅하세요!

문학을 하는 이유

문학에는 무한한 열정과 용기를 불러일으키는 힘이 있다. 아주 작은 생물을 보고도 그 변화를 관찰하고 감동하고 설렌다. 그것으로부터 글을 쓰는 마음도 생기게 되며, 생명(生命)의 약동하는 자연의 순리에 순응하게 된다.

문학은 나의 인생의 좌표를 그리는 것이다. 상처를 끌어안고 가슴 아프게 힘들게 살아가는 사람을 가진 사람들에게 한 줄기의 구원의 빛으로 위안이 되어주는 학문이다. 문학은 영혼(英魂)을 깨우치게 하는 스승이면서 인간의 안방이며 문학을 통해서 우리의 영혼을 알게 되며 언어나 예술의 감수성을 풍부하게 하는 창조이고 자기의 발견이기도 하다. 지극히 어려운 작업이면서도 행복한 일이

며 즐거운 일이다.

문학은 인간의 존엄성과 정신적 풍요를 기반으로 하고 있기 때문이다. 영원의 노래이고 사랑의 숨결로 피어나는 꿈과 희망이며, 아픔과 고통의 아름다움이 되기까지 피가 되어 흐르는 생명수이기도 하다.

문학은 사람이 토해낸 비명이고 희로애락(喜怒哀樂)의 맛을 본 사람이 좋은 작품을 만들어 낼 것이며 그것은 설명이 아니라 이미지이다. 상상력과 지성을 표현하는 예술이며 난도가 가장 높은 학문이다. 어렵기도 하다. 하나 부끄러운 허물을 벗는 몸부림의 세월을 감내해야 문학인으로 탄생할 수 있기에 매우 어려운 작업이다. 그리고 문단의 거장들 사이에서 끼어 있는 것만으로도 어려운 일이면서도 또한 즐거운 일이다.

문학은 명품의 전당이기에 문학 속에서 좋은 글, 좋은 말씨나 행동이 나오고 내가 나에게 양심(良心)의 소리를 듣게 된다. 동시에 나아가 문학은 혼자 놀기도 좋다. 연필과 노트만 있으면 쓸쓸하지 않기에 나의 연인이기도 하다. 시시때때로 밀려오는 변화의 물결을 잠재우기도 하며 인간 존재의 정체성을 깨닫게도 한다.

문학은 나에게 큰 용기를 주기도 했다. 세금 문제로 억울하게 3억을 내지 않으면 법원에서 집달관이 오게 된다고 하여 강남의 유명한 변호사를 선임했지만, 세금 면제가 어렵다고 하기에 사실화로 장문의 편지를 써서 판사에게 제출했더니 면제를 받았던 일이 있었다. 서류상으로는 안 되는 일이 문학을 하기에 용기가 생겼다.

9년 전의 일이다. 어디서 그런 지혜가 나왔는지 지금도 생각하면 끔찍했던 상황이 신기하기만 하다. 문학은 그 나라의 정신이고 혈맥이며 민족의 혼이라고 해서 원시사

회 때도 시조문학이 존재했다. 문학이 없는 나라는 민족(民族)을 멸망시킨다는 말도 있다. 프랑스 학생은 시를 100편 이상 외워야 졸업을 시킨다고 한다. 이 속에는 정서와 사랑, 즐거움 등 다양한 생각들이나 지혜가 함유되어 있기 때문이다. 예술은 길고 인생은 짧다. 호랑이는 죽어서 가죽을 남긴다. 나 또한 이 세상에 왔다간 흔적이 남았으면 좋겠다. 그러나 명품을 쓰기는 너무나 어렵고 말처럼 쉬운 일은 아니리라. 하나, 나는 유통기한이 없는 글을 쓰려고 늘 정진할 것이다.

만학도 청암중·고등학교 생활

나의 잃어버렸던 소녀 시절을 다시 찾는 지금의 학교(學校)생활은 지식에 목마른 내 건조한 삶에 에너지를 불어넣어주고 내 마음을 촉촉하게 적셔주는 단비와 같았다. 뒤늦게 시작한 늦깎이 학생, 비록 교복 차림은 아니지만 뽀글뽀글 파마머리에 펴진 옷차림으로 학교에 다닌다는 것이 꿈인지 생시인지, 그러나 마냥 편하지만은 않았다. 그 고단함은 몸으로 느껴야 했다. 나이가 들어 배움을 익힌다는 것은 신체적인 조건이 그리 녹록하지 않아 만만치가 않았다. 통학하는 거리가 먼데다 가방도 무겁고 시력도 안 좋았다. 게다가 오래 앉아 있으면 허리에 무리가 왔다.

중풍을 세 번이나 맞았고, 자궁암까지 앓아 기능의 수치가 절반으로 떨어졌다며 최대한 신경 쓰는 일은 하지 말고 안정을 취하라는 의사의 당부가 있어서 걱정도 되지만, 젊은 선생님과 10대 학생들과 남녀노소 함께 배울 수 있다는 것만으로도, 나는 행복(幸福)을 느꼈다. 선생님 한 분 한 분이 개성이 달라서 지루하지 않게 수업(授業)을 받을 수 있었다. 세상을 볼 수 있는 눈을 뜨게 해주고, 귀를 밝게 해주는 선생님들은 한 글자라도 더 가르쳐주기 위해 몇 번이고 되풀이하여 귓전을 울려준 그 정성이 참으로 고맙기가 그지없다. 각 과목이 어느 하나 빼놓을 수 없이 필수이며 나 자신의 양식이고 보배가 아닐 수 없다.

돈은 벌면 되지만 남의 머릿속에 들어있는 지식은 돈으로도 살 수 없는 것이 아닌가, 이렇게 배울 기회가 왔으니 뼛속 깊이 사무치는 고마움이야말로 내가 만난 최고의 행운이라고 말할 수밖에 없다. 늘 배움에 목마른 내가 이보다 더 즐겁고 행복한 일이 어디 있으랴! 천하의 제일 위험한 것은 무식이요. 그다음이 불학이라는 말이 있다. 배우지 못한 서러움은 평생을 간다고 한다. 배움은 내 마음에 웅크리고 있는 그늘진 마음을 내몰아 주는 감정이나 인성을 길러 준다.

수십 년 동안 짝사랑했던 공부를 청암중·고등학교를 만나 하루하루 정성 들여 사랑의 열매를 키운 덕분에 앞으로 그 열매는 더욱 탐스럽게 익어 갈 것이다. 참된 교육으로 개인의 품성과 인격의 발전에 중요한 것뿐만이 아니라 국가발전과 경쟁력에도 필수인 것이다. 배우는 보람 속에서 사는 진리를 터득하고 이제는 시대 탓, 부모 탓하지 않고 새로워진 삶, 신명나는 삶, 마그마가 끓는 유화산과 같은 부풀어 오른 뜨거운 기쁨은 표현만으로도 설렌다. 청암을 만나 중고등학교 졸업을 하게 되었다. 이곳은 나의 건조한 삶에서 나 자신이 위로받았고 소생하는 곳이다. 나는 잃어버린 나의 10대 청춘(靑春)을 청암중·고등학교에서 찾았다.

희로애락(喜怒哀樂)

이 세상에 올 때는 빈손으로 왔는데 얻은 게 참 많다. 세상도 얻었고, 가족도 얻었고, 법화경(法華經)도 얻었고, 문학(文學)도 얻었다. 남의 식구도 내 식구로 삼아 보기도 했다. 남의 장례식도 내가 맡아서 몇 번이나 치러주기도 했다. 건강의 이상으로 생과 사를 넘나드는 세상도 맛보았다.

친구들이 너는 밟고 또 밟아도 일어나는 '민들레'라는 부르는 별명도 얻었다. 때로는 궂은일, 좋은 일, 산전수전 공중전 땅 전을 다 밟아온 이 모든 것이 삶의 참 좋은 선생들이었다.

인생에도 봄, 여름, 가을, 겨울 사계절의 시기가 있고 젊었을 때는 씨앗을 뿌리고 그다음에는 가꾸고 거두어들이는 시기가 있다. 생각해 보니 무척이나 얻기 어려운 것들을 많이 얻었다는 생각이 든다. 그것은 바로 희로애락의 선물이 아닌가 싶다. 세상에서 가장 쉬운 일은 힘들 때 포기하는 것이고, 가장 어려운 일이 힘들 때 포기하지 않는 것이다.

힘들다고 포기했다면 얼마나 부끄러운 삶이었을까, 나

자신에게 잘 극복하여 용기 있게 살아왔다고 토닥토닥 두드려본다. 이렇게 바쁜 생활 속에서 차분히 앉아 밥 먹을 시간도 없이 항상 쫓겨 주먹밥을 만들어 손에 들고 먹는 둥 마는 둥 방방 뛰며 바쁜 시간 속에서 나는 내 삶의 여유로운 여백의 시간이 없었다. 그렇게 살아온 청춘도 좋지만, 지금의 늙음도 참 좋다.

황혼(黃昏)의 자유가 이런 것인지!

자유를 얻은 나는 자고 싶으면 자고, 먹고 싶으면 먹고, 일하고 싶으면 일하고, 놀고 싶으면 놀고, 배낭 하나 짊어지고 떠나고 싶으면 시내 한 바퀴 돌고 오다 시장에 들러서 먹고 싶은 것을 사서 해 먹으면 그만이다. 아이들이 엄마를 생각해서 사다 준다고 하지만, 내가 사고 싶은 것을 내 손으로 사는 것의 즐거움도 있다. 더구나 지성의 전당이면서 혼자 놀아도 심심하지 않고 놀 수 있는 문학을 하고 있으니 어느 누가 나를 말리겠는가, 남들이 생각할 때는 솔로라고 바둑판 위에 한 점 홀로 놓인 바둑알처럼 외롭게 보일지 모르지만 나는 그렇지 않고 하루하루 소복소복 쌓여가는 행복의 온도를 느낀다.

가보지 않은 길을 가고 있는 황혼이지만 황혼이 아니면

어찌 이리 좋은 시간을 맛보랴! 늙음이 아니면 어찌 이런 자유를 가질 것이랴! 이것이야말로 무릉도원(武陵桃源)이 아니면 무엇이겠는가, 잠시 머물다 갈 이정표에 지워질 그림자이지만 긴 영혼을 남겼으면 좋겠다. 가끔 불의를 보면 못 참아서 탁구공처럼 톡톡 튀는 버릇이 있어 남에게 상처를 줄 때가 있다. 그에 대해 반성도 해 본다. 마음을 좁히면 겨자씨 안에 들어가고 마음을 넓히면 우주를 덮는다는데, 감히 그렇게는 못 해도 비우는 마음, 넉넉한 마음을 갖도록 솔 씨처럼 여물어가는 삶을 살도록 노력할 것이다.

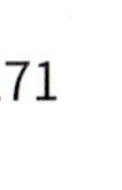

은덕(恩德)

세상은 왜 고르지 못한 건지 알지 못하는 판도라의 상자와도 같다. 우리 아버지는 전생에 죄를 얼마나 많이 지으

셨으면 현세에서 좋은 일을 많이 하셨다. 바다를 끼고 살았기 때문에 너울성 파도에 풍랑이 오면 고기잡이 어선(漁船)이 난파될 때마다 어부들을 구해주는 역할을 도맡아 하셨다. 젖은 옷을 당신의 옷으로 갈아입히고, 손수 음식을 만들어 대접하고 간호도 해주는 역할을 맡아 하셨다.

마을에 온갖 복잡한 일들을 돕는 해결사로 불리던 울 아버지는 11남매 자식 중 8남매를 땅에다 아니, 가슴에다 묻고는 한밤중에 울면서 바지게 짊어지고 산골에 묻었으니 그게 너무 부끄러워서 주저하며 바깥을 며칠씩 나가지 못하셨다. '내가 살아서 무엇하겠냐.'라며 식사도 안 드시고 세월을 보낸 적이 허다하셨다고 한다. 그 이후 3남매를 낳아 오래오래 살아달라고 지은 이름이 돌(石)을 붙인 게 석매, 석술, 석심이다. 돌은 천천히 늙으며, 늙을수록 수련해진다는 진리를 인용해서 돌은 불에 타지도 않고 녹지도 않으며, 던져도 깨지지 않는다는 의미이고, 남들이 들을 때는 투박하고 촌스러운 이름 같아 보이지만 나의 부모님에 대한 애환이 들어있는 이름이다.

보릿고개 흉년에도 부모님은 파래죽, 쑥죽을 드시며 아껴서 논밭을 사고 우리에게는 쌀밥을 지어 놋그릇에 담아

이불속에 넣어 따뜻하게 내어주시던 부모님은 나와 돼지, 닭을 배에 실어 나 대신 제물로 바쳐 바다에 던지며 자식들의 명이 길어진다는 무속인 말에 따라 그렇게까지 잔인한 일을 하셨다고 했다. 불면 날까, 놓으면 꺼질까 애지중지 길러 주셨던 아버지 어머니가 나이가 들수록 많이 그리워진다. 학교에 다녀오던 길에 눈비에 버선, 장갑, 목도리가 다 젖어오면 화롯가나 가슴속에다 넣어 말려 신겨 주시던 아버지, 어머니

번갈아 가며 우리를 보살펴 주시던 어떤 망각의 세월이 온다 해도 잊을 수 없던 시절 부모와 자식의 사랑은 영화 같은 드라마였다. 역사는 시대를 감추고 인간은 항상 과거를 위장한다고 한다. 그러나 부모님의 고된 삶의 역사 발자취를 이정표로 한번 써보고 싶어서 시를 쓰다가 진실이 담긴 수필을 청자연정(請字蓮正)의 뜻을 담아 쓰고 싶다. 나의 인생에 처음 만난 교육자 아버지는 그리 젠틀맨은 아니지만, 그분에게 배운 것이 바로 남을 위해 베풀라는 것이었고 아버지처럼 베풀지 못하고 사는 게 인 될 때가 많아 안타깝다. 아버지 말씀에 '흘러간 물도 떠서 대접하라.'라는 그 말씀 잊지 않고 살아갑니다.

세상보다 더 큰 울 아버지

장미꽃 목련꽃
곱다고 하지만
그보다 더 고운 꽃 아버지

열한 개 꽃봉오리
햇살 밭에
피기도 전에

여덟 송이 떨 구어 가슴에 심고
남은 세 송이 피우기 위한 고된 세월
그 흔적 소리 없이 실개천 사이로 흐르네
오랜 세월 말라버린 실개천
필름 통에 고스란히 남아 흐른다

분필 케이스

옛날에는 껌 종이로 분필을 말아서 수업 시간에 선생님 손에 묻지 않게 싸주었던 시절이 있었다. 그렇게 사용했던 분필 케이스를 특허를 내어 남편은 전국에 학교나 문방구 도매상에 판매하게 됐고 을지로에 사무실을 두고 직원을 몇 명 모아 시작했다. 그러나 그것이 제대로 되지 않아 사업을 정리하고 금형까지 고물상에 넘겨 버렸다. 그것을 알게 된 나는 고물상에 찾아가 사정하여 금형(金型)을 다시 찾아와 물건을 만들어 전국에 있는 학교나 문구 도매상을 다니며 방방곡곡 팔도를 누비며 팔고 다녔다. 구매자와 판매자의 관계의 유대 관계를 견고하게 맺고 다녔었다.

그렇게 전국을 다니면 다양한 사람의 인간성을 볼 수 있다. 아주머니는 무슨 현금장사만 하냐고 꾸짖는 사람이 있는가 하면, 이런저런 이유를 달아 가격(價格)을 제멋대로 깎는 사람도 있고, 몇 시간씩 기다리게 하기는 일쑤이고, 자기와 따로 놀아 주면 많이 팔아 준다는 협박까지 가지각색의 인간성을 드러내는 사람들이 있었다. 그래도 눈비에 물건이 젖고 있으면 어서 닦으라며 수건을 건네주거나 포도나 과일 등을 씻어 물수건과 함께 살포시 얹어주면서 먹어 보라 했던 잊지 못할 사람들도 많았다.

지방인 경상도, 충청도, 강원도, 전라도 전국을 다 다녀 보았지만, 진주라는 천 리 길에 진주 A 문방구 사장님과 종업원들의 극진한 대접은 지금도 잊지 못한다. 세상을 다 돌아보아도 이분들처럼 인성이 풍부한 분들은 만나지 못했다. 지금도 잊지 못해 한 송이 꽃이라도 꺾어서 화병에 꽂아놓고 그 사무실에 인 꽃들이 얼마나 아름다웠나 생각해 보면서 나의 모난 성격을 고쳐나가는 데 도움을 얻는다.

방방곡곡 물건을 가지고 다니기가 너무 힘들어서 남편의 차로 지방을 내려가서 여기저기 팔다 보면 잠깐 세워놓은 차를 견인해가서 찾아오느라 시간을 다 허비하고 몇십만 원씩 벌금을 내고 물건을 팔고 남은 차액의 이익금은 챙겨 오지도 못하는 일이 수도 없이 많았다. 이후에는

고속버스에 짐을 싣고 아침 첫차를 타고 지방에 내려가 팔고 막차를 타고 집에 돌아오면 보통 새벽 1시가 넘을 때가 부지기수였다. 그래도 힘든지도 모르고 그때는 훨훨 날아다녔다.

병마로 인해서 아무것도 못 하고 아팠던 때를 생각하면 힘든지도 모르고 열정을 느꼈다. 주말에는 웨딩드레스 사업에 전념하고 평일에는 미래양행인 분필 케이스 판매에 전념을 다 했다. 결혼식에 신부의 드레스를 입혀주는 도우미 아줌마의 손이 부족해 내가 직접 가서 하기도 하고. 구청, 시청, 절, 교회, 공원, 호텔 할 것 없이 분필 케이스로 인해 8도의 도시를 다니며 세상 구경, 사람 구경, 별별 구경을 다 했다. 그래서인지 나는 세상 밖 구경은 여한 없이 했다. 물론 사업상 다녔던 곳이지만 사람들 사는 모습을 너무도 다양하게 겪은 일은 잊을 수가 없다.

그 어려운 일을, 남자도 하기 힘든 일을 억척스럽게 할 수 있었던 것은 나를 지극히 아끼고 사랑해 주신 부모님의 교육이 있기 때문이기도 했다. 절대 쓰러지지 말고 당당하게 살며, 남을 속이지 말고 정정당당하게 살아가라고 늘 일깨워 주셨던 부모님이 있었기에 나는 강하게 살아갈 수 있었으며, 어려운 사람은 늘 마음속에 두고 선정을 베풀라는 부모의 남다른 온정을 보고 배워 나 역시도 어려운 이웃을 위해 베풀며 살기도 했지만, 내가 어려울 때 이웃의 따뜻한 손길을 받기도 했다. 그 고마움을 지금도 잊지 못하고, 어려웠던 그 이웃들도 나의 작은 도움을 받아 고마워하는 마음을 전하는 세상 속에서 살아왔다. 그래도 잘 살았다는 자부심이 드는 것이 아마도 나는 정말 행복한 사람인 것 같다. 그래서 힘들고 모진 세월도, 그 아픈 시간도 모두 고맙고, 감사하다. 지금의 나로 살아갈 수 있게 해줘서….

병마와 싸워서 이겨낸 세월

책갈피, 일기장 속에 꼭꼭 숨겼던 추억과 아픔들의 오래된 기억을 찾아서 부끄러움을 들춰본다. 나는 18세 때 왼쪽으로 중풍을 맞았다. 그때 시골에는 자동차가 없어서 십 오리 길을 걸어 다니며 6개월간 침술에 의존하여 병을 고치려고 노력했다. 온몸에 침을 다 꽂아야 했으며 단전 중앙에도 대침과 쑥뜸을 맞았다. 한 번 맞을 때마다 머리가 위로 다 솟을 정도로 소름이 끼칠 정도로 아팠지만 어린 나이에도 살아야 한다는 의지가 강했다. 한의사 선생님의 시키는 대로 충실하게 따라서 치료를 잘 받아 어느 정도 나았다.

그 후 스무 살이 되어 결혼하게 되었다. 그런데 아이를 두 명 낳고서 중풍이 내게 또 찾아왔다. 왼쪽 얼굴, 다리, 팔이 마비되었다. 몸이 힘들고 마음도 고통스러웠다. 엎친 데 덮친다고 불행은 한꺼번에 다 찾아왔다. 그 와중에 자궁암과 말 못 할 불치의 병에 걸리게 되었던 것이다. 생각해 보면 무시의 과거로부터 참 죄를 많이 지은 사람인 것 같다.

병원에서 피검사를 했다. 의사가 하는 말이 피는커녕 수분도 없다며, 환자를 5천 명 넘게 피검사를 했지만, 이렇게 피가 부족한 환자는 처음이며 몸에 수분도 없어 마른나무가 겨우 살아 숨을 쉬고 있는 정도라고 했다. 이런 몸으로 어떻게 살았는지 참 신기하다며, 피 주사보다 포도로 포도주를 담가 식후 한두 잔 꼭 먹어 보라고 말을 했다. 다른 환자에게는 이런 부탁을 해 본 적이 없다며 실천해 보라는 것이었다. 그래서 그런지 나는 지금도 포도를 많이 먹고 있다.

어느 날 을지병원을 다녀오다 나는 버스에서 쓰러져버

렸다. 의식이 없는 나를 안내양은 신당동 버스 정류장에 내려놓고 가버렸다. 정신을 잃고 누워 있는데 지인들 두 분이 시장을 다녀오다 나를 발견하고는 '아이고 이기 누군고, 어데 댕겨왔는교, 어디 아프나, 아따 고마업자,'라고 말하며 경상도 사투리 아주머니 한 분이 나를 업고 다른 사람은 뒤에서 밀어 황학동 꼭대기까지 나를 데리고 갔다. 지인들은 나를 집에 눕혀놓고 내 남편에게 전화해서 나의 상태를 알렸고 남편은 지인 허 씨 아저씨와 함께 와서 나를 업고 내려와 택시에 타고 온 적도 있다. 허 씨 아저씨는 사근동 시장 내에서 같이 살면서 우리 시아버님께 술, 담배, 고기까지 많이 사다 주시던 분이다. 정말 그분께 신세를 많이 졌다. 이 지면을 통해서 그때 고마웠다는 말을 전하고 싶다.

그후, 나는 금호동에 있는 산부인과를 다녀오다가 다시 한 번 길거리에서 쓰러졌다. 어떻게 몸을 가눌 수가 없어서 땅바닥에 누워버렸다. 그때 마침, 택시 한 대가 지나가면서 '아주머니 차 기름이 떨어져 기름 넣으러 갑니다. 그동안 다른 차가 아주머니를 태우면 다행이고, 그렇지 않으면 제가 와서 태워드릴게요.' 하고 가더니 금방 돌아와 나를 안아서 태워주면서 집이 어디냐고 묻는데 나는 '능동' 소리만 하고 아무 말을 못 했다. 어떤 말도 나오질 않았다. 기사님은 결국 나를 능동 동사무소에다 내려주고 갔다. 몇 시간 후 정신이 돌아와 나는 겨우 집에 갈 수 있었다. 지금 같으면 택시 기사님 전화번호라도 알아 두고 고맙다는 인사라도 했을 텐데, 의식이 없는 내가 할 수 있는 건 아무것도 없었다. 이렇게 길거리에서 쓰러지길 14번 정도 된 것 같다.

생사를 넘나들 때 항상 친절을 베풀고 도움을 준 내 인생에 풍경 같은 분들, 우연이던 필연이든, 나의 운명 같은 은인들 모두 고마움의 대상이다. 항상 그분들이 머무는 곳에 항상 기쁨과 행운이 함께 하시길 기원한다.

누구나 몸이 약해지면 마음도 약해진다. 결국, 자기와의 싸움인 것이다. 그 싸움에서 질 수 없는 것은 어린 자식들 때문이라도 꼭 살아야 한다는 '희망'을 저버릴 수 없었다. 눈보라 속에서도 "동백"은 피고 "사막"의 고통에서도 오아시스를 만나듯이, 울퉁불퉁 모서리와 채기도 하고 거센 파도에 휩쓸리기도 하면서도 강한 신념으로 오늘 이 시간까지 넘어지지 않는 주, 사, 친의 삼 덕을 갖추신 지인들덕분이라고 생각한다. 그 은혜를 다 갚지는 못했지만 은혜입은 고마움을 또 다른 인연에게 베풀며 살자고 다짐해본다.

현충원

순국선열과 호국영령이 잠들어 있는 곳이다.
6·25전쟁 때 전사 유해를 찾지 못한 채
비석도 없이 위패 만 14,000구가 지하에 안치되어있다.
가족들의 꽃다발만 쌓여있다.

이 아픔을 감히 짐작이나 하겠는가!
묘비를 세운 게 3,758구가 된다.
국가 위해 목숨을 걸었던 유공자 애국자들은
꽃다운 청춘을 불태워 현충원에 안장하셨으니,
부디 영면하시기를 두 손 모아 기원해 본다.

그 주변에 각각의 나무들
늙은 소나무, 잣나무, 벚나무, 수양벚나무는
연녹색 숲이 서러운 소리로 나무마다
한 음색으로 슬퍼 울어댄다.

관악산 아니, 대한민국이 떠나갈 듯
큰소리 작은 소리로 6월이 오면 슬퍼서
산언저리에 서러운 넋들이 아우성친다.

우리들의 영혼을 국가를 위해 불태웠으니
남한아!
일어서라 세계의 대 강국으로라는 함성이 들린 듯했다.
세상보다 더 큰 영령들 덕분에
오늘도 우리는 안주하고 살아가니
눈물겹도록 감사를 느낀다.

폐지 줍는 노인

언제부터인가 큰 도로나 골목길에서 리어카와 유모차, 자전거는 우리 주변에 깊숙이 들어와 있어 눈만 돌리면 볼 수 있다. 낡은 이동수단은 폐지와 박스로 가득 차 있고 그 바퀴를 밀고 끌고 가는 사람들은 대부분이 행색이 초라한 노인이다. 보통 사람들은 폐지 줍는 사람들을 보면 서로가 서로에게 작은 소리로 주고받는다. '나이 들어 저 일만은 하지 않고 살아야 하는데'라고 지나가며 한 마디씩 박스 위에 얹어 놓고 지나간다. 딸과 함께 가끔 시장을 나가거나 은행을 갈 일이 있어 외출하는 날도 폐지 줍는 노인을 어렵지 않게 만날 수 있었다. 딸은 노인의 모습을 보고 내게 말했다. '우리 엄마는 평생을 고생했으니 노후에는 고된 일을 하고 살면 안 된다는 생각을 하면서 절대 그런 일을 하게끔 하지는 않겠다고 혼자 다짐했다고….'

딸이 했던 말이 생각이 난다. 노인이 유리창을 닦은 박스조차 돈이 되는지 구겨진 박스를 펴서 리어카에 싣는 모습을 보고는 행여나 엄마가 젊어서 고되게 살아온 삶이 나이 들어서도 연장 선상에 놓이면 절대 안 되는 일이라 각오를 다졌다는 말이 눈물겹도록 고마웠다. 엄마 걱정을 하는 자식이 있으니 얼마나 다행이며 행복한지 처진 눈꺼풀에 눈물이 고여 쓰리지만, 지난날의 삶에 보상을 받는 느낌이 들었다.

그 뒤로 나는 어느 골목에서든지 마주치는 노인이 있으면 그냥 지나치지 못하고 조금이라도 도움이 될 수 있으면 뒤에서 밀어주기도 하고, 지갑에서 푼돈을 꺼내 오천 원이 있으면, 오천 원을, 잔돈이 없으면 만 원짜리 한 장을 드렸다. 슬며시 손에 쥐여주며 자장면이라도 드시면서 기운을 내시고 하라고 건네줬다. 노인들은 갑작스러운 내 행동에 깜짝 놀라면서 종일 해도 오천 원 벌기가 어려운데 이게 무슨 일이냐며 한사코 손사래를 치며 마다하셨다. 어떤 분은 웬 돈이냐고 안 받는다며 도망가기도 했다. 고맙고 미안한 마음에 더욱 받기를 거절하지만 내놓은 돈을 다시 넣기는 더욱 민망하여 괜찮다, 안 된다고 서로 실랑이 끝에 주머니에 넣어주고 만다.

돈을 받고 그냥 가기 어색한 노인은 평생을 살아온 삶의 이야기를 넌지시 내게 건네며 지금의 삶이 고단함을 토로하기도 한다. 어떤 분은 어려움 없이 남부럽지 않게 살다가 남편의 사업 실패로 늘그막에 신세가 남의 도움을 받는 처지가 되었다고 하고, 어느 분은 자식을 도와주느라 가진 돈을 자식에게 투자했지만, 그 자식이 사업 실패로 폐지를 줍는다고 하며 눈가가 붉어진다. 젊어서 모진 고생을 많이 해온 나는 노인들의 삶에 공감대를 느꼈다. 나도 한때는 남편 사업 실패로, 자식 사업 실패로 고생을 많이 해서 노인들이 남의 일 같지 않고 가엾고 안쓰러웠다.

사업은 아무나 하는 게 아니다. 다년간의 피나는 노력과 그 분야에 노하우가 있어야 성공할 수 있다고 본다. 그렇지 않고 노력 없이 돈만 투자하고 남에게 의지만 한다면 실패할 확률이 크다는 것을 나도 알았다. 세상이라는 바다에 배를 타고 목적지를 향해서 항해하려면 방향 감각도 있어야 하고, 격랑의 세월을 살아가다 보면 닻도 잘 올릴 줄도 알아야 하고 내릴 때를 알아 잘 내려놓아야 한다. 노를 잘 저어 순항을 잘할 수 있는 지혜도 있어야 한다. 그렇지 않으면 시련과 혼란을 맞는 풍랑을 만나게 된다. 별별 일을 다 겪어왔던 나는 그분들의 말을 되새기며 나의 젊었을 때 모습을 그려본다. 노인들도 아마 나처럼 가족들의 사업 실패로 어려운 일들을 모두 짊어지고 지금까지 살아왔을 것이다. 그러나 결국 새롭게 일어나지 못해 겨울이면 언 손을 '호호' 불고 여름이면 더위에 지쳐가면서도 쓰러질 수 없어 다시 일어나 유모차나 리어카를 끌고 새벽 일찍 도로로 나올 수밖에 없었을 것이다. 생선을 머리에 이고 버스를 타고 팔러 다녔던 일이 주마등처럼 스친다.

오늘도 나는 폐지 줍는 노인을 본다. 뒤에서 슬쩍 손을 얹어 밀어보고 노인의 주머니에 또 오천 원을 넣어주고 밥 굶지 말고 다니시라고 당부한다. 그리고 기도한다. 할머니들도 여생 잘 풀리고 건강하시기를….

평 론

인생의 숲을 통해서 희로애락(喜怒哀樂)의 의미와 가치의 꽃을 발견하다

이충재(시인, 문학평론가)

평론

인생의 숲을 통해서 희로애락(喜怒哀樂)의 의미와 가치의 꽃을 발견하다

-김석심 시인의 시와 산문집 『인생의 숲을 통해서』에 붙여-

이충재(시인, 문학평론가)

1. 김석심 시인의 문학과 삶을 이야기하며

간혹 사람들은 인생을 등산(입산)에 비유하기도 한다. 이 말에 공감하는 것은 우리가 깊고 높은 산을 장시간 오르다 보면 자연스럽게 머리에서 가슴으로 가슴에서 머리끝으로 와닿는 자연이 들려주는 무언의 교훈과 현상들을 느끼고 깨닫게 된다. 또한, 이를 통해서 직접, 간접적으로 인생 고락을 체험하게 된다, 굳이 높은 산이 아니더라도 선택하고 집중하여 산을 오른 사람들이라면 간접적으로도 충분히 공감하게 된다. 그만큼 오르막과 내리막길을 통해서 우리는 인생의 굴곡을 여실히 경험하게 되고,

어떻게 살아야 할까에 대한 새로운 원리 구상에 돌입하는 것이 바로 산을 오르는 이들만이 경험하는 사유의 결과라고 할 수 있다.

김석심 시인은 참으로 오래전부터 알게 되었다. 그러나 그 알게 된 횟수에 비하여 깊이 안다고 할 수도, 깊은 대화를 나누었다고도 할 수 없다. 다만 문학 행사에서 잠깐 뵙고 목례나 눈인사 정도 한 것이 전부이지 않나 싶다. 그럼에도 불구하고 끊임없이 주변 소식을 통하여 간간이 안부를 전해 듣게 된 시인이시다.

그런데 이번에 귀한 도서를 준비 중이라는 소식을 듣게 되었으며, 발문이란 명분에 부흥하고자 미력하나마 발문, 평설, 해설이란 공감의 글로 김석심 시인의 문학과 삶이란 긴 여정에 동행인이 되어 참으로 기쁘다. 더욱이 이번 도서(『인생의 숲을 통해서』)는 김석심 시인의 일생이란 숲에서 만나고 느낀 희로애락(喜怒哀樂)의 산물이란 점에서 저자 본인과 가족 그리고 김석심 시인을 가까이하며 관계해 오던 그러나 주인공에 대하여 깊이 알지 못했던 삶을 진솔하고또 잘 알게 해주는 '인생 이야기'를 풀어 들려주는 '인생' 혹은 '관계성'을 위한 강좌(주제가 있는 티타임을 동반한 자리)라고 생각해도 무방할 만큼 김석심 시인의 삶의 편린이 고스란히 기록되어 있어서 참으로 좋았다.

많은 사람이 자신의 생애를 살아오면서 혹은 삶을 정리하는 차원에서 회고록을 내기를 원한다. 많이 배웠거나 물질적 자본을 제법 축적해온 사람들이라면 더더욱 이와 같은 결과물로 자신의 삶을 대변하고 싶어 하는 것이 내국이든 외국인이든 한결같은 소망이 되어 온 것이 사실이다. 그러나 그들의 회고록 조의 글들을 보면 그다지 교훈과 위로가 되지 못한다는 것을 느끼게 된다. 그 원인을 단적으로 들라면 자기 욕심이나 과시로부터 비롯되었기 때문이다. 이는 그들의 삶에 진정성이 있는 혹은 의미와 가치를 향한 프로젝트가 아닌 물적 자본의 축적이나 권력과 명예 따위의 성취를 인생 성공의 의미로 알고 추구해 온 것으로부터 기인한 불온한 처사로서 참된 교훈이란 열매를 맺지 못한 까닭이다. 그러나 김석심 시인은 그들과는 분명히 다르다는 것을 이번 시와 산문을 통해서 충분히 느끼고 발견할 수 있게 되어 높이 산다. 시인의 삶을 통해서 충분히 그 의미와 가치와 아름다운 인생 정원을 잘, 아름답게 가꾸어 오신 분임을 증명케 하는 부분들이 눈에 띄어 감동과 함께 읽는 이로 하여금 즐거움을 자아내게 하였다. 그래서 그 흔적이 빛이 나는 것이다.

요즘 시대는 백 세 인생 시대라고들 쉬 말들 한다. 숫자상으로의 삶의 장수(長壽)가 과연 무슨 의미가 있을까?

이는 가치 있는 삶을 위한 필요충분조건을 모두 갖춘 한 사람의 피나는 노력의 결과가 드러나지 않거나 그 과정에서 의미를 놓치게 된다면 그는 단순히 '노인'으로 호명될 뿐, 더 이상 '어른'으로서의 삶이라고 할 수 없다. 그런데, 김석심 시인의 시와 산문을 통해서 볼 때, 그 의구심을 단번에 날려 보낼 당사자라는 것이 발견되어 감사하지 않을 수 없다. 이시형 박사는 〈나잇값에 대한 예의〉에서 다음과 같이 들려주고 있다. "나이가 들어서 갑자기 위축되고 열등감에 빠져 허우적대며 우울증을 겪는 사람들을 많이 보는데, 그것은 자기 삶의 중심이 자기 자신이라는 사실을 잊었기 때문이다. 나이가 들고 삶의 경험이 늘수록 자기 자신을 상대평가가 아니라 절대평가를 할 수 있어야 한다. 다른 사람이 나를 어떻게 보는지가 아니라 내가 나의 가치와 존재감을 결정할 수 있어야 한다. 그것이 지금껏 열심히 살아온 나의 삶과 자기에 대한 예의이다."

김석심 시인은 이시형 박사가 그의 에세이에서 밝히고 있는 우려를 단번에 불식시킨 충분히 가치 있는 삶을 문학적으로 표출하여 아름답고도 멋있게 그려내며 살아오신 분이라는 것을 느낄 수 있으며, 시인은 그 방법론으로서 시와 산문을 정직하고도 성실하게 써 오신 분이라는 것을 곧 알게 될 것이다. 글은 자기 성찰로서의 도구이자

순수한 자기 인생을 계획하고 늘 채찍질하면서 아름다운 인생이란 정원사가 되게 하는 에너지이기 때문이다. 그것을 증명하는 작품 세계로 따라가 보기로 한다.

2. 시의 거울로 본 시인의 영혼의 건강성 탐구

음악을 찾듯
보고픈 얼굴 부르며
찻잔 속에 핏줄이 그린다

술렁이는 마음
보고픔이
짙은 음률 속에 길을 연다

도려내면 낼수록
더욱 도드라지는
양면의 날처럼

겹겹이 쌓여
등잔 뒤 가려진 그리움

맴도는 찻잔에

마음 한 스푼 헹구어 놓고

쓰디쓴 시어의 행간에

오라비가 떠 오른다.

-〈보고픔이 밀려오는 날〉 전문

김석심 시인의 삶의 자락마다 시와 산문이 있었기에 그의 삶의 이정표는 확고하고도 든든할 수밖에 없었다는 사실이 바로 위의 시에 그대로 투영되고 있음을 본다. 김석심 시인의 시들 대부분이 자신이 살아온 삶이란 여정을 되돌아보면서 그려냈다는 점에서 시인의 삶이 결코 여유롭거나 유복했거나 건강했다거나 아무 문제가 없는 평탄한 삶만이 아니었음을 직, 간접적으로 알리고 스스로가 위로와 치유를 경험하고 있음을 볼 수 있다. 위의 시는 시가 시인의 삶에서 분명하고도 지대한 역할 자로서의 동거를 수행하면서 끊임없이 말 걸기를 시도함으로써 시인에게 부언의 힘 제공과 정신적 에너지와 가치 있는 삶을 위한 동기부여와 삶의 가치적 행복을 제시해왔다는 점을 알게 하는 메시지인 셈이다. 우리가 이 시에서 주목해야 하

는 대상을 두 가지로 요약할 수가 있다. 바로 '시'와 '오빠'가 바로 그 대상이다. 그 두 기둥은 오늘날의 김석심 시인의 삶을 더욱 빛나게 한 그 멘토와 역할 자로서의 가치를 지닌 시인 특유의 그리움을 낳게 한 것이다. 김석심 시인의 삶에서 아버지와 어머니 그리고 다음으로 오빠가 등장하는 까닭을 살펴볼 때, 오빠는 시인의 삶에서 지울 수 없는 역사요 큰 거목이었음을 직감할 수 있다. 이처럼 삶을 그리움으로 녹여낸 작품들을 보면 다음과 같다. 〈순천만〉, 〈동심〉, 〈친구〉, 〈수인이)〉, 〈문득 돌아본 세월〉, 〈보고 싶은 날〉, 〈사랑하는 딸에게〉 등이 그 예다.

햇살을 잔뜩 풀어놓았다
힘껏 밟는
내 인생의 가속 페달에
보랏빛 추억을 안고
물안개 피어나는 왕숙천
강가에 섰다

소복이 쌓여가는 행복의
온도를 느껴본다
힘찬 발걸음으로

푸른 세상과 햇살처럼

눈부신 세상을 펼쳐 보련다

행복이란 글자에

점 하나 찍으면

행복해지는 것을

기대와 설렘으로

인생은 흘러간 것이

아니라 채워지는 것이다

-〈봄날〉 전문

'코로나 19'란 바이러스의 기습으로 다들 힘들다고 아우성이다. 어찌 작년과 올해만 힘들었겠는가. 특히 인생의 오랜 여정을 걸어온 선배들이라면 이보다 더한 혹은 이와 유사한 어려움을 수없이 경험했으리라. 그럼에도 불구하고 사람들은 이 아우성을 멈추려 들거나 그 원인을 찾아 해결하기보다는 울부짖음에 가까운 불평과 불만만을 늘어놓기 일쑤다. 그런데 위의 시에서 김식심 시인의 영적 에너지의 깊이가 발견된다. 그 이유는 무엇일까? 그 에너지가 전율이 되어 작품을 읽는 이들의 두뇌와 가슴속

으로 전이되어 생동감을 불러일으키게 하고 또 다른 에너지원이 되어 인생을 새롭게 경작하는 힘을 낳게 한다는 것이다. 그 힘의 원천은 무엇 때문일까? 이것은 자신의 삶을 운명이나 숙명으로 받아들이는 차원에 머물지 않고, 늘 희망을 노래하는 인간 본능으로서의 깊이 있는 일상적 사유와의 결합이 빚어낸 까닭이다. 그 중심을 강타하는 것이 바로 사유의 결과물로서의 글쓰기임을 다시 한 번 강조하고 싶은 것이다. 그래서 시인의 영혼 중심에는 한결같이, 그 어느 상황에서도 '봄날'로 가득하고 그 계절의 의미로 귀결된다. 봄의 온기가 충만하기에 삶의 곤혹을 극복해가는 비밀병기가 되는 것이다. 위의 시와 의미를 같이하는 작품들은 다음과 같다. 〈계절〉, 〈봄의 시작〉, 〈파도〉, 〈꽃들의 전쟁〉, 〈여백〉, 〈친구〉 등이 그 예다.

내 기억 속
아버지의 뜰에 쏟아지던
그 푸른 달빛
담장을 넘어온 달이
연못에 빠진 밤이면

아버지는 달빛을 건져

눈썹 위에 올려놓고

밤새도록 글러 떨어진 달빛에
댓돌이 다 잠길 때까지
당신은 고독의 먼 밤을 걸었습니다

세월만큼 무성한 숲을 헤치고
아버지를 잉태하고 입산한 달

더는 기울 수도 찰 수도 없는
화석의 달로 떠 있는
찰랑찰랑 울 아버지

-〈아버지의 달〉 전문

딸에게는 아버지를 향한 애틋함이, 아들의 삶에서는 어머니를 향한 깊고 달짝지근한 사랑이 늘 찰랑거릴 수밖에 없는 것이 조선 500년의 기나긴 삶의 징검다리를 건너와 21세기 한반도에 뿌리를 내리고 공존하는 우리 가속사에서 쉬 발견되는 징서임이 틀림없다. 그 단적인 예가 위의 시를 비롯하여 시인의 작품 곳곳에서 발견된다. 이는 비

단 김석심 시인에게서만이 아닌 민족어로 작품 활동을 하는 작가나 시인들에게는 공통점인 것이다. 그래서 이들의 작품을 통해서 그들의 살아온 가정사와 그 씨줄과 날줄로서의 행복과 불행, 역기능적 상황과 순기능적 상황을 병치시켜 오늘을 건강하고도 행복한 가족사로의 발전을 추구하는 잠언으로 삼는 것이다. 그러니까 시인들이 자신의 가족사를 드러내는 그 용기로 인해서 또 다른 가족이 살아나는 단초를 제공해 준다는 의미에서 시인은 늘 자기 아픔을 숨기지 않고 드러내려고 애쓰는 자기희생적 삶을 살아가는 것이다. 그것이 바로 다른 문학 장르에서는 쉬 보지 못하는 시인들의 작품에서나 가능한 고귀한 결과물인 것이다. 이와 맥을 같이 하는 작품들은 보면 다음과 같다. 〈고향〉, 〈사근동〉, 〈보리의 마음〉, 〈아버지의 바다〉, 등이 그 예다. 아버지는 시인에게 있어서 항상 어둠과 아픔과 약함을 밀어 내주는 밝은 빛이며, 그 빛으로 동행하며 인생이란 길을 열어주고 지켜주시는 달(빛)이란 점에서 시인에게는 어떠한 아픔과 슬픔 그리고 고독이 함부로 할 수 없게 하는 인생 등대가 됨을 시인 스스로 늘 고백하면서 살아왔으니 참으로 든든하지 않을 수 없다.

못다 한 이야기가 너무 많은데

전할 수 없는 피안의 당신께

몇 마디 전하고 싶은 마음입니다.

만학도 등굣길이면

책가방을 허리에 매주며

사람이 남한테 속지 않고 살아가려면

배워야 한다던 그 격려하시던 말씀

밀려드는 파도가 노랑 그리움

달빛 꽃으로 이름 짓고

가슴속 텅 빈 마음

빛바랜 그리움 연듯빛 피우고

나날이 당신의 뜰에서

열심히 살아가고 있습니다.

-〈당신께 보내는 편지〉 전문

시인의 삶은 온통 '그리움'과 '감사'뿐이다. 시인에게 있어서는 그 사이사이를 맴돌고 있는 삶의 편린들은 그다

지 중요하지가 않다. 그래서 시인은 이번 작품집을 통해서 그 그리움과 감사를 인생의 가장 아름다운 족적으로 남기고 싶어 하는 속마음을 독자들에게 일부로 들키게 하는 내심을 드러내 보여 주는 것이다. 위의 시는 오늘의 시인으로서의 건강성을 유지하면서 행복하고도 기쁜 마음으로 살아갈 수 있게 한 모든 생애 멘토들을 향한 그리움과 사랑에 대한 자신을 열어보는 공개서한인 셈이다. 은혜를 은혜로 여기지 못하고 살아가는 불온한 시대에서 우리가 깊이 있게 받아 마음 밭에 새겨두고 풍성한 삶을 경작해야만 참된 인간이 된다는 자기 고백적 심사가 참으로 아름답게 잘 드러난 작품이다.

3. 일상적 희로애락을 문학의 씨줄과 날줄로 엮어 위로를 삼다

김석심 시인의 살아온 연륜에 비례하여 다채로운 삶의 방식과 모형이 시와 산문으로 소개되어 의미 있는 문학 감상의 기회로 삼을 수 있어서 좋았다. 산문은 시와의 유사성은 지녔으되 시와 같지 않아서 좀 더 편하게 읽힐 수 있는 동시에 저자의 사상과 삶을 조금은 더 수월하게 이

해할 수 있다는 점에서 문학 장르로서의 순수 가치지향의 대상이 되어 온 것이 사실이다. 최근에 노천명 시인의 수필집 『이기는 사람들의 얼굴』, 『언덕의 왕자』, 평생 독신, 급성 백혈병으로 46세로 요절한 노천명 시인, 연둣빛 수채화 은은한 삶의 향기가 높다고 정지용도 찬탄했던 바로 그 작품이다. 피천득 작가의 수필집인 『인연』과 『피천득 선생의 평전』을 읽었다. 그리고 그 곁에서 김석심 시인의 수필 읽기를 시도해 보았다.

김석심 시인의 수필은 수필의 원형 그대로를 유지하며 적용하고 시도했다는 점에서 시인의 일생을 들여다볼 망원경 역할이자 초강력 렌즈의 기능을 하는 작품이란 점에서 김석심 시인을 더욱 긴밀하게 진단하고 관계하고자 하는 이들에게는 아주 소중한 자료로서의 수필작품이라고 할 수 있다.

수필 대부분 작품이 시와 일맥상통한다는 점에서 시 한 편, 한 편의 해설의 성격 혹은 시작 노트의 개념으로도 읽힌다는 것은 아마 시인이 의도하지 않은 자기 인생의 역사를 일기 쓰듯 또는 편지와 노트의 여백을 메워가면서 긴긴 고독과 고뇌의 밤을 이겨나간 수단과 방편으로 삼았음을 알게 하는 지적인 노동인 셈이다.

수필은 특성상 수사적 작법이나 요란한 장식을 요구하

지 않는 붓 가는 대로 가장 순수하고 솔직담백하게 자신의 심사를 그려내는 특징을 지닌 편리성을 지닌 장르 못지않게 저자의 사상과 철학과 삶의 지난한 역사를 고스란히 투시해 내는 방편이 된다는 점에서 필자뿐 아니라 독자들에게 더할 나위 없이 소중한 자료가 된다고 할 수 있다.

김석심 시인의 수필을 읽다가 인생역정을 극복한 대단한 용기를 지니고 살아오신 분임을 다시 한번 느끼면서 그 삶에 박수를 보내 드리고 싶다는 풋풋한 마음이 가시질 않아 새벽 늦은 시간까지 작품을 감상하는 맛에 취했던 점에 깊은 감사를 드릴 수밖에 없었다.

이 수필집에는 가족사를 다룬 작품(〈태현이를 보다가〉, 〈그리운 어머니〉, 〈부모님을 속였던 일〉, 〈사랑하는 아이들아〉, 〈오빠〉 등)과 여행에서 얻은 사유의 결실로서의 작품(〈잊지 못하네〉, 〈임진각을 다녀오고〉, 〈전쟁기념관〉의 작품)과 자신의 건강과 인생 역경을 담담하게 그려낸 또 다른 작품(〈세월의 무게〉, 〈무상〉, 〈원진녹색병원〉, 〈삶의 무게〉, 〈생과 사〉, 〈면목동 계모임〉, 〈병마와 싸워서 이겨낸 세월〉 등)이 시인의 일상에 근접해서 깊이 있게 깨달음을 가져다주었다는 사실과 그 순수 열정을 알게 해주었다는 감사와 남은 우리의 삶을 어떻게 살아야 할 것인가에 대해서 친절한 인생 안내서가 되었다면, 김석심 시인의 대부분 작품은 필자를 비롯하여 인생의 가치를 느끼면서 살아야 할 모든 사람에게 의지적 교훈을 담아낸 작품이란 점에서 가슴에 묻어두고 오랫동안 기억해야 할 작품들로서의 가치를 충분히 지녔다고 할 수 있다. 그 외에 우리가 잊지 않아야 할 삶의 교훈을 담아낸 작품으로는 〈웨딩드레스 사업은 한 폭의 그림이나 다름이 없었다〉, 〈몇십억짜리 자가용〉, 〈내 마음을 주는 희생정신〉, 〈잘못된 음주 문화〉, 〈나는 장사꾼이었다〉, 〈분필 케이스〉 등이 그 예다.

김석심 시인의 수필들을 감상하면서 지금까지 피상적으로만 알아 온 필자의 관계성을 열어보면서 부끄러움을 느꼈다. 그만큼 김석심 시인의 삶은 결코, 녹록지만은 않았음을 바로 알아차릴 수가 있었다.

그리고 김석심 시인이 얼마나 의지적 삶의 주인공이 되셨는가를 그의 또 다른 수필 〈만학도 청암중·고등학교 생활〉에서 발견할 수 있어서 좋았고, 감사했다. 이런 인생을 살아오신 분이 노인이 아닌 진짜 어른이신 것이다. 그 결과물이 〈몇 십억짜리 자가용〉, 〈희로애락〉, 〈은덕〉, 〈폐지 줍는 노인〉의 작품 속에 선명하게 드러나 있음을 볼 수 있다. 이러한 삶을 살아오신 분이기에 이 작품집은 존재할 수 있었고, 모든 독자에게 훈훈한 감동을 제공하여 가치있게 살 수 있는 조건을 모두 갖추었다는 점에서 시인의 삶이 더욱 아름답게 빛나는 것이다.

4. 시인의 삶을 잘 담아낸 레시피의 맛을 오래도록 기억하기를 소망하며

앙드레 말로의 시대, 즉 20세기는 '단지 인간밖에 되지 못하는 괴로움에 대한 자각과 몸부림으로 시작되었다.' 모두에게 예약되어있는, 그래서 그 누구도 절대로 피할 수 없는 '죽음'이라는 숙명 ……, 20세기 서양문명은 바로 이 '유한성'에 대한 뼈아픈 인식으로 일관되어 있었다.

그렇다면 21세기 동양에서의 삶을 살아가는 우리는 어떠한 삶을 살아야 할 것인가? 에 대한 자문에 자연스럽게 봉착하게 되는 것이다. 과연 동양사상이나 철학은 온전하게 오늘날의 우리의 삶의 일상에 선한 영향력을 미치고 있는가? 깊이 있는 자성의 노크를 하지 않을 수 없는 위험천만의 시대에 직면해 있다는 증거이다.

물질만의 추구란 천민자본주의 시대에 인간이란 자리를 내주고 표류하는 혹은 유리방황하는 인간들의 행위를 보고서 어떤 명분의 인생 가치를 살자고 손 내밀어 동행을 요청할 것인가? 참으로 슬픈 시대가 아닐 수 없다. 인문학이 그 문제점을 긴밀하게 진단하고 처방전을 내야 함에도 가식적, 난해한 수사적 표현으로 일관한 작품들을 쏟아내 놓고 밥벌이를 향한 극심한 경쟁력이 강화되는 암

울한 시대에 오랜만에 아주 순수하고도 삶의 땀 내음과 피의 얼룩과 정신적 고뇌가 묻어난 작품들을 감상할 기회를 얻게 되었다. 김석심 시인의 시와 산문들이 이에 해당한다. 그런 까닭에 김석심 시인에게 감사의 마음으로 차 한 잔 대접하고 싶은 마음이 불일 듯 일었다. 동시에 시인의 작품집이 많은 독자에게 올바로 읽히고 중요한 깨달음과 행복을 안겨 줄 수 있는 동기가 되기를 원하여 피천득 수필가 육성의 교훈을 남기는 것으로 김석심 시인의 작품의 유용성과 가치와 필연성을 보강하기로 하고 이 글을 마치려고 한다. 많은 독자를 치유하고 위로하고 동시에 천민자본주의 시대에 사람 냄새 풋풋하게 풍기는 귀한 이웃으로 기억되기를 바란다.

"내가 보기에 문학의 가장 중요한 요소는 정(情)이며, 그중에서도 연정(戀情)이 으뜸이라고 생각한다. 지금 우리는 문학에서 감성이나 서정보다는 이성이나 지성을 우선하는 시대에 살고 있다. 하지만 이러한 풍조는 한 시대가 지나면 곧 바뀌게 마련이다. 문학의 긴 역사를 통하여 서정은 지성의 우위를 견지해왔다. 이것이 문학의 영원한 가치이다."

피천득의 (『내 문학의 영원한 뿌리』, 357)

귀한 작품을 생산해 주시고, 출간하여 많은 위로 자들을 찾아 나서는 독행자로서의 고행에 박수를 드립니다. 선생님 건강과 평안을 기원합니다. 수고 많으셨습니다. 귀한 감동 독자들과 더불어 오래도록 간직하겠습니다.